Armin Gewiese • Ulrike Dömeland

Durch Berlin

mit dem Schiff

be.bra verlag
berlin.brandenburg

L. 30,70 P. 150
B. 5,11
"DEUTSCHES TECHNIKMUSEUM BERLIN"
KAISER FRIEDRICH
STERN UND KREIS

Berlin – Weltstadt am Wasser

Berlin ist eine Stadt am Wasser und im Grünen. Über 400.000 Straßenbäume lockern das Stadtbild auf, spenden im Sommer Schatten und verbessern die Luft. Dazu kommen zahlreiche Parks und Gärten, unter ihnen der Tiergarten im Herzen Berlins. Zwar hat die Metropole, die sich auf rund 880 Quadratkilometer ausdehnt, nach der deutschen Wiedervereinigung einen enormen Entwicklungsschub erfahren, dennoch hat sie sich zahlreiche Räume mit einem enormen Freizeit- und Erholungswert erhalten, die sich vor allem auch entlang der vielen Wasserläufe befinden. Jährlich kommen rund fünf Millionen Besucher nach Berlin. Ein Viertel von ihnen erkundet die Stadt zu Wasser. Das ist eine der reizvollsten Arten für eine Stadtrundfahrt, die auch Einheimische immer wieder für sich entdecken. Die Integration der einstigen »Inselstadt«, die von 1961 bis 1989 durch die Mauer geteilt war, in das neue »Haus Europa« lässt sich aus dieser Perspektive besonders eindrucksvoll nachvollziehen. Wo für fast drei Jahrzehnte Stadtviertel getrennt und Verkehrswege unterbrochen waren, sind in den letzten Jahren neue, verbindende Bauwerke entstanden. So auch zahlreiche Brückenbauten über die Spree, die sich vom Wasser aus besonders gut erkunden lassen.

Städte, die an Wasserläufen liegen, haben ein besonderes Flair. In Berlin sind sieben Prozent des gesamten Stadtgebietes Wasserflächen. Auch wenn dem auf dem Landweg Reisenden die Nähe zum Wasser nicht immer sofort ins Auge springen mag, verweisen umgangssprachliche Ortsnamen wie »Spreeathen« oder Wohnviertel wie Neu-Venedig (für ein Quartier an der Müggelspree im Stadtbezirk Köpenick) auf das besondere Verhältnis zum nassen Element. Ja sogar Berlins derzeit einziger Fußball-Erstligist Hertha BSC erinnert mit seinem Namen an Dampfschifffahrt und Wasser-

[Berlins ältester Personendampfer unterwegs auf der Spree]

[Dampfer der Weißen Flotte in der Nähe der Museumsinsel]

strassen: Während einer Schiffstour im Jahre 1892 wurde an Bord des Ausflugsdampfers »Hertha« der bis heute erfolgreiche Sportverein gegründet.

Bedingt ist diese enge Verbindung zum Wasser durch die natürlichen Gegebenheiten. Berlin liegt am Zusammenfluss von Havel, Spree und Dahme. Die Stadt besitzt daher ein weitverzweigtes Wasserstraßennetz mit schiffbaren Strecken von über 180 Kilometern, von denen im Laufe der Jahrhunderte viele auch künstlich angelegt wurden. Die Uferlänge aller Flüsse, Seen und Kanäle zusammen beträgt in der Stadt insgesamt mehr als 600 Kilometer. Zum Vergleich: das S-Bahnnetz hat eine Länge von rund 325, die U-Bahn von rund 143 Kilometern. Die Wasserstraßen sind den Schienenwegen also durchaus ebenbürtig und so mancher Autofahrer, der während der Rushhour im Stau steht, mag sich ohnehin wünschen, er sei mit dem Wassertaxi unterwegs.

Berlin ist sogar mit dem Meer verbunden: über den Oder-Havel-Kanal und die Oder mit der Ostsee und über den Elbe-Havel-Kanal und die Elbe mit der Nordsee. Der alte Seehafen Berlins ist Stettin,

[Blick über die Spree zum Innenministerium]

rund 160 Kilometer entfernt an der Odermündung gelegen. Nutzt der Wassertourist das europäische Wasserstraßenverbundsystem, so kann er von Berlin aus 15 Staaten unseres Kontinents erreichen. Die längste Strecke mit 6.000 Kilometer führt über Mittellandkanal, Rhein, Main-Donau-Kanal und Donau bis zum Schwarzen Meer. Diese internationalen Verbindungen sind vor allem für den Güterverkehr von Bedeutung. Jährlich bringen ca. 12.000 Güterschiffe viereinhalb Millionen Tonnen Fracht nach Berlin oder sorgen für deren Abtransport. In Spitzenzeiten, im Jahr 1929, waren es sogar 11,5 Millionen Tonnen Güter. Entlang des dicht verzweigten Wasserstraßennetzes in der Stadt befinden sich insgesamt 66 Zugangsstellen zur Wasserstraße. Dazu gehören 11 öffentliche Häfen, 37 Werkshäfen und 18 Umschlagstellen. Beim Güterverkehr zur Ver- und Entsorgung der Stadt erreicht der LKW heute allerdings einen Anteil von 84 Prozent, gefolgt von der Eisenbahn mit neun Prozent und der Binnenschifffahrt mit sieben Prozent.

Noch stärker als von Güterschiffen frequentiert werden die Wasserstraßen Berlins durch die Fahrgastschifffahrt und durch

[Abendstimmung im Westhafen]

Sportboote. In Berlin sind ca. 100 Schiffe der Fahrgastschifffahrt und der Historischen Flotte und ca. 24.000 Sportboote registriert. Auf den Berliner Gewässern tummeln sich rund 250.000 Wassersportler, die die 875 Steganlagen und Marinas sowie die anderen Festmachemöglichkeiten an den Ufern für eine aktive Freizeitgestaltung nutzen. Auch ein Teil der mehr als 50 Seen Berlins gehört zum Fahrtgebiet der Fracht-, Fahrgast- und Freizeitschifffahrt.

Doch nicht nur wer auf der Suche nach Natur oder historischer Reminiszenz unterwegs ist, kommt auf dem Wasser auf seine Kosten. Gerade das neue Berlin, die Großbauten im Regierungsviertel, zukünftige Verkehrsknotenpunkte wie der Hauptbahnhof – Lehrter Bahnhof oder die wieder von Autos und U-Bahn benutzte Oberbaumbrücke, die die Bezirke Kreuzberg und Friedrichshain verbindet, lassen sich vom Wasser aus besonders gut besichtigen. Im Folgenden soll allen Interessierten, ob Besuchern, Neuberlinern oder Alteingesessenen, die Stadt aus einem nicht alltäglichen, spannenden Blickwinkel zugänglich gemacht werden. Die wichtigsten Fahrtrouten der Personenschifffahrt werden eingangs vorgestellt. Im Zentrum der Darstellung stehen die Wasserläufe, die mitten durch die Stadt führen. Am beliebtesten ist mit Sicherheit die Spreestrecke zwischen Treptow und Schloss Charlottenburg, die

[Anleger für Sportboote im Hafen Tempelhof]

auch als »Wasserboulevard« bezeichnet wird. Er führt vorbei an einer Vielzahl charakteristischer Bauten und Sehenswürdigkeiten der Stadt. Aber auch die Strecken, die nicht unbedingt die Schauseite Berlins enthüllen, zeigen dem Einheimischen und Touristen für die Stadt Typisches wie das Ullsteinhaus in Tempelhof oder die ausgedehnten Industrieanlagen entlang des Teltowkanals oder in Oberschöneweide.

Darüber hinaus gibt eine Übersichtskarte (Seite 10–11) Auskunft über die Wasserwege sowie sämtliche Anlegestellen der Fahrgastschifffahrt im Berliner Raum. Durch die detaillierte Darstellung des Wasserboulevards (Seite 16–21) und des Landwehrkanals (Seite 98–102) in Form eines Streckenbandes, das neben allen Brücken auch die wichtigsten Highlights am Wasser sowie die Nahverkehrsanbindungen enthält, erschließen sich dem Leser diese Strecken auf anschauliche Weise.

Aber die Aufmerksamkeit des Lesers soll nicht nur auf die Sehenswürdigkeiten entlang der Ufer gelenkt werden, sondern praktische Tipps verweisen auf Einkehrmöglichkeiten, Museen und andere Anziehungspunkte, die vom Wasser aus zu erreichen sind, in der Nähe der Wasserläufe liegen oder schöne Ausblicke auf Flüsse, Kanäle und Seen der Stadt bieten.

Fahrtrouten der Personenschifffahrt

Vielfältige Möglichkeiten gibt es für die Stadterkundung. Führungen werden an Land per Pedes, mit der S- oder U-Bahn sowie mit dem Cabrio-Doppeldeckerbus angeboten. Die außergewöhnlichste Perspektive bietet sich dem Besucher jedoch vom Schiff aus. Auf Deck oder in den Salons der Schiffe der Weißen Flotte kann man die Großstadt und die Landschaft ohne Stau und Hektik an sich vorbeiziehen lassen.

Die Schiffe der Weißen Flotte fahren auf Spree, Havel und Dahme sowie auf den sie verbindenden und ergänzenden Kanälen und den zahlreichen Seen in der Zeit von März bis Oktober auf insgesamt rund 25 Routen. Unterwegs lassen sich sowohl historische Bauten wie auch moderne Architektur, grüne Ufer und Industrielandschaften erkunden und bewundern.

Schiffstouren durch die Innenstadt Am interessantesten für Wassertouristen und -sportler ist die Stadtstrecke der Spree. Die ca. 35 Kilometer lange Verbindung zwischen Köpenick und Spandau wird als Berlins Wasserboulevard bezeichnet. Hier finden wir Geschichte und Neuzeit auf engstem Raum gedrängt. Wir fahren durch das Stadtzentrum, kommen am höchsten Punkt Berlins vorbei, dem Fernsehturm, passieren die historische Stadtmauer und die Bereiche, in denen die innerdeutsche Grenze die Stadt teilte, passieren das Regierungsviertel und die schönsten Uferpromenaden. Bei einer Boulevardtour wird sichtbar, dass der Ursprung Berlins am Wasser lag. Nachfolgend soll der Blick entlang der Ufer der Spree durch die Berliner Innenstadt geschärft werden.

Während der Fahrt sprechen die Schiffsführer und Matrosen bei Ihren Erläuterungen von Backbord und Steuerbord und meinen damit die linke bzw. rechte Seite des Schiffes.

[Fahrgastschiff am Berliner Dom]

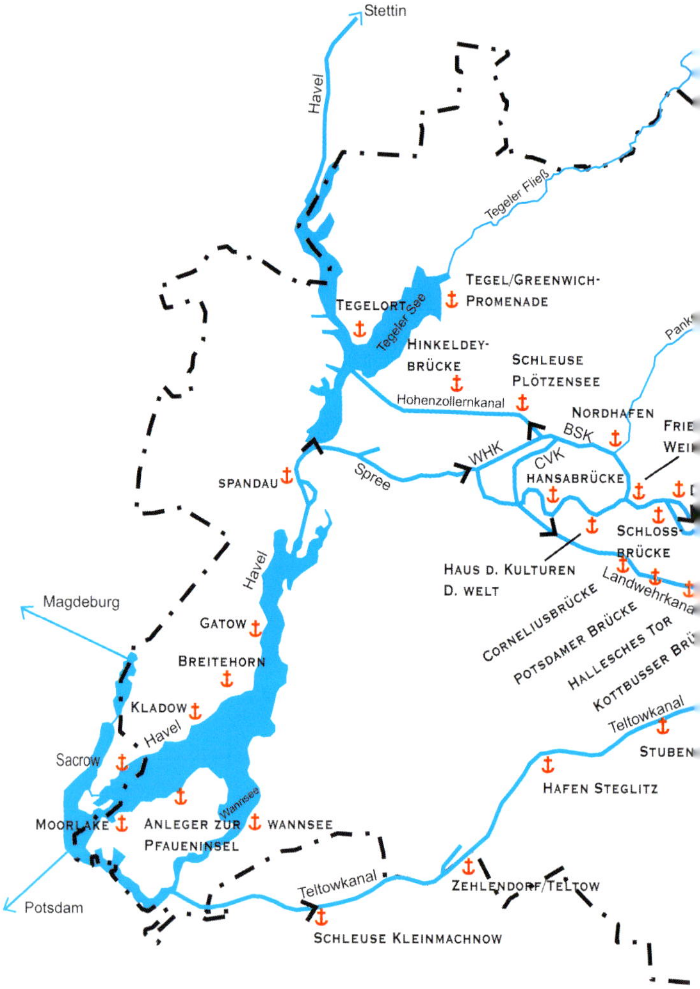

Anlegestellen der Fahrgastschiffe

Legende

⚓	Anlegestelle
>	Schleuse

Abkürzungen

WHK	Westhafenkanal
BSK	Berlin-Spandauer-Schifffahrtskanal
CVK	Charlottenburger Verbindungskanal
NSK	Neuköllner Schifffahrtskanal
BVK	Britzer Verbindungskanal

[Die wohl schönste Brücke Berlins – die Oberbaumbrücke]

Historische Stadtfahrt Diese einstündige Rundfahrt startet im Nikolaiviertel und führt zum Haus der Kulturen der Welt. Dabei geht es vorbei am Berliner Dom, der Museumsinsel, dem Reichstagsgebäude und durch das Regierungsviertel. Berlin aus der Spreeperspektive – intensiv, informativ und eindrucksvoll – empfehlenswert für Kurzurlauber, Tagestouristen und Kurzentschlossene.

City-Rundfahrt Die City-Rundfahrt (ca. 1,5 Stunden) auf der Spree führt von der Jannowitzbrücke bis zur Schlossbrücke in Charlottenburg. Dabei gibt es unter fachkundiger Moderation sowohl historische als auch moderne Highlights zu bestaunen wie die Mühlendammschleuse, das Nikolaiviertel, den Palast der Republik, den Berliner Dom, die Charité, den Lehrter Stadtbahnhof, das Bundeskanzleramt, das Innenministerium, das Schloss Bellevue – heute Sitz des Bundespräsidenten – und das Schloss Charlottenburg.

[Der Teltowkanal mit Ullsteinhaus und Blick zum Hafen Tempelhof]

Abendfahrt Diese Tour durch die beleuchtete Innenstadt lässt die Highlights der City in ganz anderem Licht erscheinen. Jeweils freitags und samstags fahren die Schiffe abends von 19.30 Uhr bis 22.00 Uhr vom Nikolaiviertel bis zur Schlossbrücke Charlottenburg und wieder zurück.

Brückenfahrt Eine der beliebtesten Stadtrundfahrten in Berlin ist die Brückenfahrt durch das Zentrum. Start für diese Tour ist auf der Spree an der Oberbaumbrücke bzw. Jannowitzbrücke. Die Fahrt geht durch das Nikolaiviertel, vorbei an der Museumsinsel durch das Regierungsviertel bis zum Wasserstraßenkreuz, wo rechter Hand der Charlottenburger Verbindungskanal zum Westhafen führt und linker Hand der Landwehrkanal abzweigt. Auf der Fahrt durch den Kanal werden die Unterschleuse in Tiergarten und die Oberschleuse in der Nähe der Oberbaumbrücke am Osthafen passiert. 65 Brücken werden auf der 3,5-stündigen Rundfahrt unterquert. (Insgesamt hat Berlin über 1.000 Brückenbauten und damit mehr als Venedig!)

Die Kultur- und Industriestrecke

Von Köpenick nach Treptow

Berlins Wasserboulevard beginnt auf der Stadtspree in Köpenick. Köpenick war bis 1920 im preußischen Regierungsbezirk Potsdam eine eigenständige Stadt. Ihr Ursprung lag auf einer Spreeinsel, auf der sich heute das Schloss befindet. Köpenick ist Berlins wasserreichster Stadtbezirk. Er bietet vielfältige Wassersport- und Freizeitmöglichkeiten an den Flüssen und Kanälen sowie am Müggelsee und in den Müggelbergen.

Rathaus Köpenick Unmittelbar in der Nähe vom Zusammenfluss von Spree und Dahme (auch Wendische Spree genannt) befindet sich das Köpenicker Rathaus. Von der Anlegestelle Köpenick sind es dorthin nur gut 100 Meter. Das Rathaus wurde 1901–1904 im Stile Märkischer Backsteingotik errichtet und durch den Husarenstreich des Schumachers Wilhelm Voigt 1906 weltberühmt. Der Schumacher besetzte es in der Uniform eines Hauptmannes und beschlagnahmte die Stadtkasse. Heute kann man den »Hauptmann von Köpenick« nicht nur als Theaterstück erleben, sondern auch im Ratskeller des schmucken Rathauses als Wachsfigur oder zweimal wöchentlich in natura begrüßen. Jeweils mittwochs und samstags findet um 11.30 Uhr vor dem Rathaus eine ca. 20-minütige Aufführung des Hauptmanns von Köpenick mit seiner Garde statt.

Empfehlenswert ist auch ein Spaziergang durch die unter Denkmalschutz stehende Altstadt. Sie entstand seit 1245. Heute sind die winzigen Fischerhäuser historisch getreu restauriert. Besonders sehenswert ist die Kietz-Gasse.

Schloss Köpenick Das an der Dahmemündung auf einer Insel gelegene Schloss Köpenick beherbergt heute ein Kunstgewerbemuseum. Das Schloss wurde 1677–83 als Residenz Friedrich III. des

[Anlegestelle in Köpenick, rechts im Bild der Rathausturm]

Ratskeller Köpenick
Alt-Köpenick 21
12555 Berlin
Tel. 030 / 655 51 78
Mo – So 11 – 1 Uhr

Schloss Köpenick
Schlossinsel
12555 Berlin
Tel. 030 / 65 66 17-0
Di – So 10 – 18 Uhr

Kurfürsten und späteren Königs Friedrich I. von Preußen erbaut. Besonders sehenswert sind der Wappensaal, der Roentgensaal, die Schatzkammer und der Silberbuffetsaal. Das Kunstgewerbemuseum aus dem Berliner Stadtschloss fand nach dessen Sprengung in Köpenick eine neue Heimstatt. Im Innenhof des Schlosses finden im Sommer zudem Freiluftkonzerte statt.

Grünau Grünau ist ein Ortsteil von Köpenick, der im 18. Jahrhundert südlich der Köllnischen Vorstadt als Bauernkolonie mit dem Namen »Grüne Aue« gegründet wurde. Nur unweit der Kulturstrecke im Herzen von Köpenick befindet sich etwa fünf Kilometer dahmeaufwärts die Regattastrecke. Dieser Abschnitt sowie der südlich gelegene Lange See bilden das Zentrum und die Wiege des Berliner Wassersports. Die erste Regatta fand hier im Jahre 1868 statt.

An den Ufern der Dahme entstehen heute sowohl auf der Grünauer Seite als auch auf der Wendenschlossseite eine Reihe neuer interessanter Wohnbebauungen. Sie prägen das neue Bild einer modernen Wasserstadt. Während sich in anderen Großstädten die besten Wohnlagen am Stadtrand im Grünen befinden,

Wasserboulevard zwischen Spandau und Köpenick

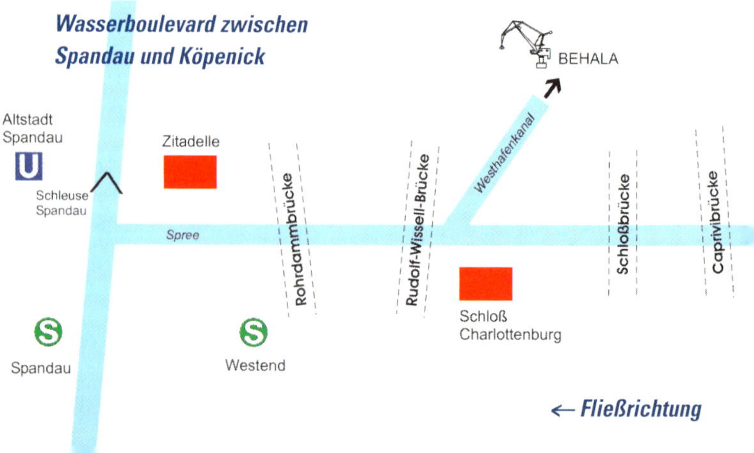

ziehen sich diese in Berlin mit unverbaubarer Sicht entlang der zahlreichen Gewässer quer durch die ganze Stadt.

Etwa auf halbem Weg zwischen Regattastrecke und Dahmemündung zweigt der Teltowkanal ab. Schiffe, die von Osten über den Oder-Spree-Kanal nach Berlin kommen, müssen, wenn sie nach Westen zur Havel und Elbe wollen, nicht durch die ganze Innenstadt fahren, sondern können den kürzeren Weg über den Teltowkanal nehmen und sparen damit 16 Kilometer, das sind rund acht Stunden Fahrzeit. Die Uferlandschaft des Teltowkanals ist vorwiegend industriell geprägt. Sie wird bei der Streckenbeschreibung Teltowkanal näher vorgestellt.

Unmittelbar an dieser Kanalabzweigung entsteht an der Regattastraße ein neues Wohnquartier unter dem Stichwort »Wohnen auf der Dahme-Terrasse«. 1870 wurden auf diesem Areal eine Färberei und eine Bleicherei gegründet. Später produzierte man hier unter dem Firmennamen Berlin-Chemie Lacke und Farben.

Auf der gegenüberliegenden Dahmeseite entsteht das Quartier »Wohnen am Grünen Fenster«. Das ist die so genannte Wendenschlossseite der Dahme. Dort am Ufer sind noch Rudimente einer Yachtwerft zu erkennen. Gründer des Unternehmens war 1926 Claus Engelbrecht. Auf seiner Werft wurden Rennruderboote mit Weltruf hergestellt, die höchste sportliche Erfolge ermöglichten. Nach dem Zweiten Weltkrieg wurden hier Kutter gefertigt, die als Reparationsleistungen an die Sowjetunion geliefert wurden.

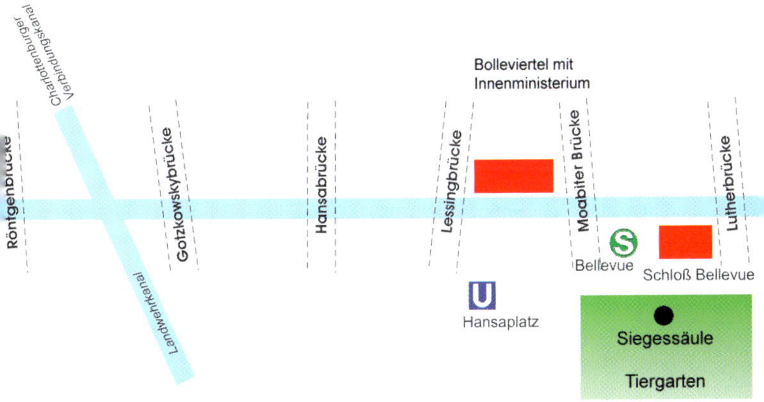

[Historischer Industriestandort Oberschöneweide]

Später ließ man über die Slipanlage (so nennt man die schiefe Ebene mit Schienen, über die die Schiffe ins Wasser rutschen) Fahrgastschiffe, Bagger, Eisbrecher und Schubschiffe für die Binnenschifffahrt zu Wasser.

Über die Dahme-Wasserstraße führt zugleich eine der wichtigsten Schifffahrtslinien für den Güterverkehr zur Versorgung der Hauptstadt. Über den Binnenhafen Königs Wusterhausen werden

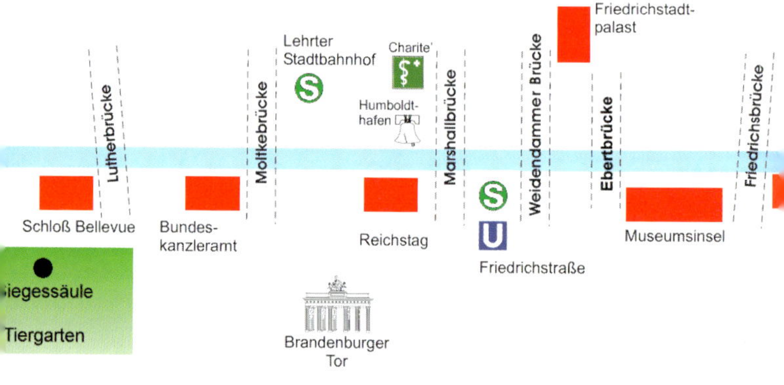

jährlich ca. 1,5 Millionen Tonnen Braunkohle aus dem Lausitzer Revier zum Kraftwerk Klingenberg in Rummelsburg verschifft. Die Versorgung des Kraftwerkes erfolgt ausschließlich über den Wasserweg. Im Winter muss deshalb die 35 Kilometer lange Strecke zwischen Königs Wusterhausen und Rummelsburg mit Eisbrechern freigehalten werden.

Industrie-Spree Auf einer Schiffstour von Köpenick in Richtung Innenstadt wird auch die »Industrie-Spree« passiert. Alte Industrie- und Gewerbestandorte, insbesondere in Ober- und Niederschöneweide, liegen links und rechts der Fahrtroute. Hier schlug einst das industrielle Herz Ostberlins. Betriebe wie das Berliner Hütten- und Halbzeugwerk, das Kabelwerk Oberspree (KWO) und das Werk für Fernsehelektronik hatten ihre Produktionsstätten hier direkt am Wasser.

Im Zuge des Strukturwandels wird es in den nächsten Jahren eine Neuorientierung für die Nutzung der Grundstücke und der Uferbebauung geben. Heute finden wir noch »Industriekathedralen« im Wechsel mit Ver- und Entsorgungsflächen. In Oberschöneweide ist allerdings der Umbruch schon deutlich zu erkennen. Auf dem Gelände des ehemaligen Kabelwerkes Oberspree wurden die alten Werkshallen abgerissen und der stationäre Kran am Kai unter Denkmalschutz gestellt. An der Treskowbrücke entstand in einem historischen, gelben Klinkerbau ein Gewerbestandort, der Büros,

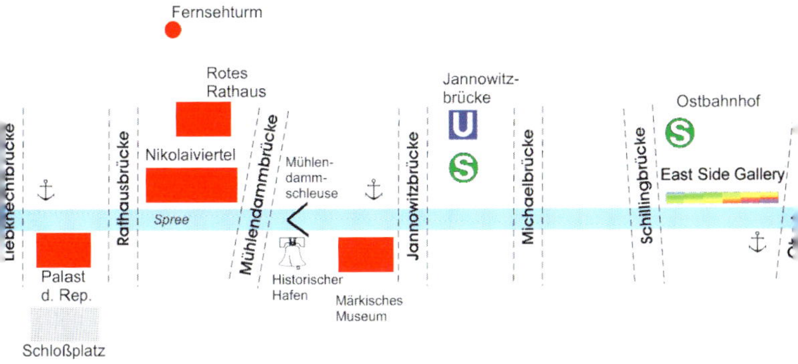

Kinder- und Jugend-freizeitzentrum Wuhlheide
An der Wuhlheide 197
12459 Berlin
Tel. 030 / 530 71 - 504
www.fez-berlin.de

Schulungszentren und Fitnesscenter beherbergt. Zeichen einer neuen Form der Mischnutzung.

Auf der gegenüberliegenden Uferseite liegt der Ortsteil Niederschöneweide, der zu Treptow gehört. Auch hier sollen auf den Freiflächen vor dem Abzweig des Britzer Zweigkanals mittelfristig neue Stadtvillen und andere Wohnbauten entstehen.

FEZ – Freizeit- und Erholungszentrum In Oberschöneweide befindet sich in Spreenähe inmitten eines großen Waldparks, der Wuhlheide, das Freizeit- und Erholungszentrum. Hier bieten sich vielfältige Möglichkeiten für Sport- und Freizeitaktivitäten: in der Schwimm- und Sporthalle, den Theatersälen, Ballettträumen, in der Computer-Box, dem Trickfilm- und Fernsehstudio, der Raumfahrtstation, dem Kunstatelier oder auf der Öko-Insel. Insbesondere in der Adventszeit gibt es umfangreiche Bastelprogramme, man kann aber auch einfach nur Spielen oder sich Theater- oder Kinovorführungen anschauen. Mehr als eine Million Besucher werden im FEZ jährlich gezählt. Hauptattraktion in der Wuhlheide ist die 7,5 Kilometer lange Parkeisenbahn mit Ihren fünf Bahnhöfen. Kinder können sich dort als Bahnhofsvorsteher, Schrankenwärter oder Schaffner betätigen. Darüber hinaus befindet sich hier noch eine

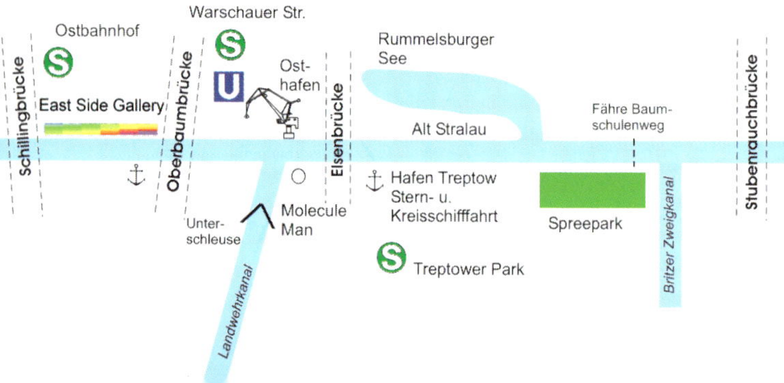

weitere kleine Schwimmhalle und die Parkbühne Wuhlheide, auf der jährlich zahlreiche Konzerte stattfinden. Dass man in der Wuhlheide auch wunderbar Inline-Skaten kann, ist schon lange kein Geheimtipp mehr.

Spreefähre Folgt man der Spree weiter flussabwärts Richtung Zentrum, dann zweigt nach dem Passieren der Stubenrauchbrücke backbord (links) der Britzer Zweigkanal ab. Er verbindet die Spree mit dem Neuköllner Schifffahrtskanal, der weiter in den Teltowkanal führt. Gleich hinter dem Kanalabzweig hat Berlins Wasserschutzpolizei eine ihrer Stationen und Liegeplätze für ihre Einsatzboote. Sie überwacht die Einhaltung der Wasserstraßenverkehrsordnung. Auf den Berliner Gewässern ist durch alle Sportboot- und Schiffsführer eine Höchstgeschwindigkeit von 12 km/h einzuhalten. Am Spreebogen sind es gar nur 6 km/h. Da auch auf den Wasserstraßen immer mehr Raser zu verzeichnen sind, setzt die Wasserschutzpolizei neuerdings sogar Blitz- und Lasergeräte zur Geschwindigkeitskontrolle ein.

Auf der weiteren Fahrt begegnet uns jetzt, kurz vor der Grenze der beiden Stadtbezirke Köpenick und Treptow, Berlins älteste Fährlinie. Seit 1896 verbindet sie den Baumschulenweg in Treptow mit dem Wilhelmstrand in Köpenick. Die Fähre gehört den Berliner Verkehrsbetrieben und ist ganzjährig im Einsatz. Die Überfahrt ist mit einem Kurzstreckenticket der BVG für 1,20 € möglich.

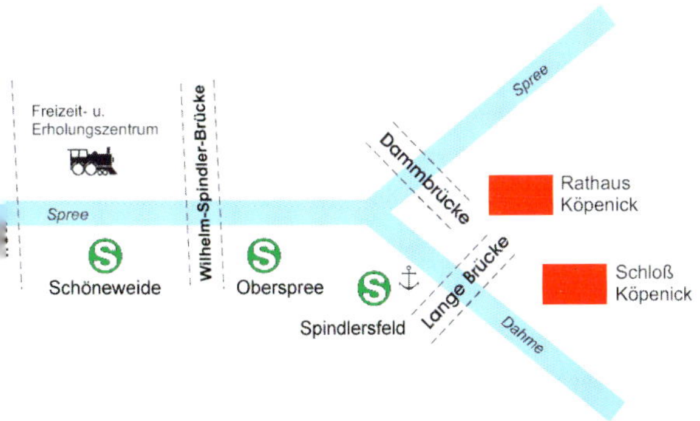

Allianz

Berlins Schifffahrtszentrum

Rund um Alt-Stralau und Treptow

Die Rummelsburger Bucht und die Halbinsel Alt-Stralau mit ihren Schifffahrtseinrichtungen und dem gegenüber am Treptower Spreeufer gelegenen Hafen für Ausflugsschiffe bilden das Zentrum der Berliner Fahrgastschifffahrt. Alt-Stralau, einst Fischerdorf, Werftstandort und durch den Stralauer Fischzug bekannt, entwickelt sich heute zu einem immer beliebteren Wohnquartier.

Alt-Stralau 1358 wurde das Dorf Stralau von Berlin erworben. Seit 1574 hat man den ersten Fischzug einer jeden Fangsaison als Volksfest begangen. Gefeiert wurde an Land und auf dem Wasser und zwar so heftig, dass sich die Stadtverwaltung behördlich gezwungen sah, den Fischzug 1873 zu verbieten.

Bis zum Ende der DDR 1989 war die Halbinsel ein für Ostberlin wichtiger Industrie- und Wissenschaftsstandort. Auf ihr befanden sich das Glaswerk Stralau und die Brauerei Engelhardt. Darüber hinaus hatte hier die Deutsche Binnenreederei ihren Sitz, Berlin Kosmetik und die Wasserbauversuchsanstalt forschten nach neuen Produkten und Verfahren.

Bereits um die Wende zum 20. Jahrhundert hatte es auf Alt-Stralau 16 Werften gegeben. Eine von ihnen, eine Reparaturwerft für Frachtschiffe, befand sich noch bis 1997 an der Spitze der ca. 1,5 Kilometer langen Halbinsel. Heute stehen dort moderne Stadtvillen und lassen die ursprüngliche gewerbliche Nutzung nicht mehr erahnen.

Eine der Hauptverkehrsstraßen auf der Halbinsel ist die Tunnelstraße. Ihren Namen hatte sie von einem Straßenbahntunnel, der die Spitze von Alt-Stralau mit dem Treptower Ufer verband. Er diente als Testtunnel für den späteren Tunnelbau für die U-Bahn unter der Spree, der zwischen den Stationen Klosterstraße und Märki-

[Hafen für Ausflugsschiffe in Treptow]

sches Museum erfolgen sollte. Der Tunnel wurde 1895–1899 im Schildvortriebsverfahren gebaut. Er war 132 Meter lang und hatte einen Durchmesser von 3,75 Meter. Dies verlangte den Einsatz besonders flacher Straßenbahnwagen. Das Sicherheitssystem der Bahn brachte ihr den Beinamen »Knüppelbahn« ein: Anstatt einer Signalanlage gab es einen Staffelstab, der jeweils nach Durchfahren des Tunnels an die Gegenbahn übergeben werden musste. 1932 wurden die Tunnelfahrten wegen des stark rückläufigen Fahrgastaufkommens und anstehender größerer Instandsetzungsarbeiten eingestellt. Während des Krieges diente der Tunnel noch als Luftschutzbunker und wurde danach zugeschüttet.

Noch eine Rarität hat Alt-Stralau zu bieten. Es ist der »Schiefe Turm von Berlin«. Der Turm der Stralauer Dorfkirche ist durch die Bombardements 1945 um fünf Grad aus dem Lot geraten.

Rummelsburger See Im Rummelsburger See befinden sich Anleger und Reparaturbasen für die Fahrgast- und die Sportbootschifffahrt sowie eine Bunker- und Servicestation für Frachtschiffe. Hier erhalten die Schiffe Treibstoff, Verbrauchsmaterialien und Provi-

[Restaurantschiff Klipper und Liegeplatz des Wasserflugzeugs der Air Service Berlin]

ant, oder es werden Schnellreparaturen an Ausrüstung und Technik durchgeführt.

In den neunziger Jahren des 20. Jahrhunderts wurde der See entschlammt, das Wasser mit Sauerstoff angereichert und am Ufer ein neuer Schilfgürtel angelegt. Als nächstes sollen in der Bucht schwimmende Häuser entstehen. In Anlehnung an internationale Vorbilder in Seattle und Amsterdam ist die Etablierung von »Floating Homes« geplant. Auf Pontons sollen zweigeschossige Häuser errichtet werden, die der Bucht, in Ergänzung zur Umwidmung des alten Alt-Stralauer Getreidespeichers zu Lofts, ein neues Flair geben könnten.

Erste Versuche zum Bau von schwimmenden Wohnungen wurden bereits Ende der neunziger Jahre unternommen. Alte, von der Binnenreederei ausgesonderte Kanalschubschiffe wurden von der Märkischen Bunkerservice zu Hausbooten umgebaut. Eine massenhafte Nachfrage war jedoch nicht zu verzeichnen. Deshalb blieb es bei den Prototypen. Vielleicht verhilft ein neues futuristisches Hausdesign den Floating Homes zum Durchbruch.

[Blick zum Haus Zenner am Treptower Spreeufer]

Haus Zenner mit Eierschale
Burger King, Biergarten, Bistro, Jazz, Bar, Disko
Alt-Treptow 14-17
12435 Berlin
Tel. 030 / 533 73 70
⌚ Mi – So

Restaurantschiff Klipper
Bulgarische Strasse 0
(Bootssteg)
12435 Berlin
Tel. 030 / 53 21 64 90
⌚ im Winter
Mo – So 10 – 1 Uhr

Mit dem Wasserflugzeug abheben
Air Service Berlin CFH GmbH
Flughafen Berlin Tempelhof
12101 Berlin
Tel. 030 / 69 51 37 30

Hafen Treptow Unmittelbar am S-Bahnhof Treptower Park befindet sich Berlins größter Hafen für die Fahrgastschifffahrt. Er hat Liegeplätze für 20 Schiffe und gehört der Reederei Stern und Kreis Schifffahrt GmbH. Das Unternehmen wurde 1888 gegründet und hat heute 26 Fahrgastschiffe mit insgesamt rund 7.700 Plätzen im Einsatz.

Treptower Park Fünf Minuten Fußweg vom Hafen entfernt befindet sich im Treptower Park das Ehrenmal für die im Zweiten Weltkrieg in der Schlacht um Berlin gefallenen 22.000 russischen Soldaten. Hier hat auch die Archenholdsternwarte, die das mit 21 Metern längste bewegliche Linsenfernrohr der Welt aufweisen kann, ihren Standort. Die Sternwarte wurde 1896 gegründet und ist heute die älteste und größte Volkssternwarte Deutschlands.

Den Treptower Park säumen zahlreiche große Bäume, vor allem Eichen und Platanen. Der Park wurde 1888 von Gustav Meyer, einem Schüler Lennés, angelegt.

Von dem gleichen Gartenbaudirektor wurde am Spreeufer der Plänterwald gestaltet. In ihm wurden Bäume für die Begrünung Berlins gezogen und »geplänter«, das heißt, dass immer nur einige wenige Bäume aus dem Bewuchs genommen werden, so dass keine größeren kahlen Flächen entstehen.

Das gastronomische Highlight am Treptower Spreeufer ist das Haus Zenner. Auf dem Standort einer frühen slawischen Siedlung gelegen, erlangte das Lokal ab 1888 unter dem Pächter Rudolf Zenner eine Magnetwirkung für Ausflügler. Hier entwickelte sich eine

[Blick zur Insel der Jugend vom Spreeufer aus]

eigene Berliner Biergartenkultur. Das Haus Zenner ist bei Wassertouristen und landseits angereisten Gästen bis heute ein beliebter Ausflugsort.

Wer im Garten vom Zenner sitzt, hat einen Blick hinüber zur Insel der Jugend, einer früheren Abteiinsel. Die Insel erreicht man seit 1916 über eine 76 Meter lange Brücke. Sie war die erste Stahlbetonbrücke Deutschlands.

Schweift der Blick weiter auf die andere Spreeseite, so erkennt man einen Backsteinbau aus den zwanziger Jahren – das Kraftwerk Klingenberg in Rummelsburg. Ebenfalls in unmittelbarer Nähe des Gasthauses Zenner, am Ende der Bulgarischen Straße, liegt das Restaurantschiff »Klipper«. Es bietet in seinen beiden Gasträumen, dem ehemaligen Laderaum des Schiffes und dem Wohnraum der Schiffer, dem Roof, ca. 90 Gästen Platz. Darüber hinaus gibt es noch eine auf Pfählen errichtete Terrasse auf dem Wasser mit 170 Plätzen. Von hier bietet sich ein herrlicher Blick auf die Spree und die Insel der Jugend sowie das gleich dahinter liegende Wasserflugzeug »Duck 01«. Die Air Service Berlin bietet von hier aus halbstündige Rundflüge über die Stadt an.

Allianz

Treptows Towerstrecke

Vom Osthafen zur Mühlendammschleuse

Treptowers und Twin Towers Zwischen Elsen- und Oberbaumbrücke liegen der Bürokomplex Treptowers und die Twin Towers. Sehenswert auf diesem Teilstück ist die aus der Spree ragende 30 Meter hohe Metallskulptur, »Molecule Man«, welche die drei Stadtteile Treptow, Friedrichshain und Kreuzberg, die hier aufeinandertreffen, symbolisieren soll. Die Skulptur wurde von dem Amerikaner Jonathan Borowsky geschaffen. Die Berliner nennen sie scherzhaft »Die drei streitenden Versicherungsvertreter«, denn am Ufer befindet sich der Sitz der Allianz-Versicherung.

Während der auf dem Allianz-Areal gelegene 125 Meter hohe Treptower, Berlins höchstes Bürohaus, vermietet ist, residiert die Berliner Allianz Direktion nebenan in drei zehnstöckigen Gebäudekomplexen. Der Treptower gehört zu den »intelligenten« Bürohäusern. Die Gebäudetechnik ist so konzipiert, dass sie beim Einchecken der jeweiligen Benutzer deren Raumtemperatur- und Beleuchtungsgewohnheiten erkennt und automatisch einstellt.
Das Allianz-Areal befindet sich auf schon in der Vergangenheit industriell genutztem Boden. Seit den zwanziger Jahren des 20. Jahrhunderts wurden hier durch die AEG und später zu DDR-Zeiten durch das Elektroapparatewerk EAW Elektrogeräte produziert. Die noch heute vorhandenen Backsteinbauten wurden von 1928–1938 von dem Architekten Ernst Ziesel erbaut.

Interessant ist die Gestaltung der Uferpromenade. Sie besteht aus einem Wasservorhang, den der Hamburger Landschaftsarchitekt Gustav Lange konzipierte. Auf der gleichen Uferseite der Spree liegen die 60 Meter hohen Twin Towers, zwei Bürohochhäuser die sich spiegelbildlich gegenüber stehen. Sie haben einen quadratischen Grundriss und sind über einen dreigeschossigen Sockel miteinander verbunden.

[»Molecule Man« vor den Treptowers]

Von der Arena zum Freischwimmer Gleich nach den Twin Towers zweigt der Landwehrkanal von der Spree ab. Direkt neben dem Abzweig befindet sich ein Berliner Szene-Viertel, zu dem die Arena, das Glashaus, die Hoppetosse und der Freischwimmer gehören.

Die Arena ist heute eine Veranstaltungshalle für 7.500 Personen. Sie wird auch für Ausstellungen und am Wochenende für einen Flohmarkt genutzt. 1927 wurde die Halle als Omnibushauptwerkstatt für Berlin erbaut. Während des Zweiten Weltkrieges diente sie als Panzerproduktionshalle und nach 1949 wieder als Betriebshof für Omnibusse.

Das Glashaus wird für Theaterveranstaltungen genutzt und wer vor oder nach den Veranstaltungen Appetit hat, der geht an Bord der Hoppetosse oder begibt sich in die Lagune zum Freischwimmer. Die Hoppetosse ist ein 70 Jahre altes Schiff, das als Salonschiff und während des Krieges als Lazarettschiff diente. Im Jahr 2000 wurde es von Greifswald nach Berlin überführt, wo es heute als Restaurantschiff genutzt wird.

Der Freischwimmer war ursprünglich ein Zusammenschluss von einzelnen »frei schwimmenden« Bootsanlegestellen. Heute ist er ein kleiner feiner Ort am Wasser für großstadtmüde Szenegänger im Stadtteil Kreuzberg.

Restaurantschiff Hoppetosse
Eichenstr. 4
12435 Berlin
Tel. 030 / 53 32 03 40
Mo – So ab 11 Uhr

Café-Bar-Restaurant Freischwimmer
Vor dem Schlesischen Tor 2
10997 Berlin
Tel. 030 / 61 07 43 09
Mo – Fr ab 15 Uhr
bei Sonnenschein ab 13 Uhr
Sa – So ab 11 Uhr

Oberbaumbrücke Bevor auf der Weiterfahrt zwischen Michaelkirch- und Jannowitzbrücke das Trias Bürogebäude auf der rechten Spreeuferseite erreicht wird, passiert man Berlins schönste Brücke, die Oberbaumbrücke. Mit ihren beiden zentralen Türmen bildet die 1896 errichtete Backsteingotikbrücke gewissermaßen ein Eingangstor zur Stadt. Sie wird auf drei

[Die Oberbaumbrücke, im Hintergrund der Sitz von Universal Music]

Ebenen von Verkehrsmitteln gequert: von Schiffen auf der ersten Ebene, dem Straßenverkehr auf der zweiten und der U-Bahn, die hier allerdings ganz oben fährt, auf der dritten Ebene.

Die Oberbaumbrücke verbindet auf diese Weise die beiden Stadtteile Friedrichshain und Kreuzberg. Ihren Namen verdankt sie den Baumstämmen, die hier früher nachts quer über den Strom gelegt wurden. Sie sollten verhindern, dass Fremde mit ihren Waren zollfrei die Stadt betreten konnten. Der Ort war somit zugleich Handelstor und Zollschranke. Natürlich gab es als Pendant zum Oberbaum auch einen Unterbaum. Dieser befand sich in der Nähe des Reichstages.

Osthafen Von der Oberbaumbrücke gesehen spreeaufwärts liegt der Osthafen, einer der fünf Hafenstandorte der Berliner Hafen- und Lagerhausbetriebe, besser bekannt als BEHALA. Dieser schlauchförmige Hafen soll zukünftig zu einem Berliner Mini-Dockland umgestaltet werden. Dabei bleiben die alten denkmalge-

Tipp für Nachtschwärmer
Speicher
Mühlenstraße 78-80
10243 Berlin
Tel. 030 / 29 33 80-0
🕓 Mo, Di, Mi, Do u. So
9 – 0 Uhr
Fr, Sa 9 – 5 Uhr

Matrix discoteque
Warschauer Platz 18
10245 Berlin
Tel. 030 / 29491047
🕓 Di – Sa
ab 21 Uhr bzw. 22 Uhr
Di, Do: Rock it
Mi pop: boutiqe
Fr: fridaynights auf
3 dancefloors
Sa: jeden 1. und 3. Sa
condanced pop (house, black, rock, classics)
Jeden 2. und 4. Sa disco-village (80s, NDW, WAVE, DANCE, Happy House)

Griechische Küche auf einem Schiff
Schiffsrestaurant-Café OKYANOS
Gegenüber Gröbenufer 8
10997 Berlin
Tel. 030 / 611 12 55
🕓 Mo – So 11 – 1 Uhr

schützten Speicher erhalten bzw. werden in die neuen Büro-, Hotel- und Geschäftscenter integriert.

In einer ersten Stufe wurden für fast 100 Millionen Euro das 1928 errichtete Kühlhaus und der um 10 Jahre ältere Getreidespeicher zu Büro-Lofts umgebaut. Übrigens lagerten in dem ehemaligen Kühlhaus bis zu 50 Millionen Eier gleichzeitig. Heute hat dort die Universal Music ihr Domizil. Sie ist ein Unternehmen der Universal Music Group, dem Marktführer im Musikgeschäft, und Teil eines der größten Entertainmentunternehmens der Welt (Universal Studios, Universal Pictures, Universal TV Networks, Universal Theme Parks etc). Die Universal Music verlegte im Sommer 2002 ihren Firmensitz von Hamburg nach Berlin. Hier sitzen jetzt erstmals alle sechs Plattenlabels der Universal Group unter einem Dach. Jede Marke bekam individuell gestaltete Büroräume. So gibt es wabenförmige Denkzellen in der Etage der Rocker von Mercury und der Popmarke von Polydor, rauen Asphalt und rohe Backsteinwände bei der Independent-Marke Motormusic und bei den Hiphoppern von Urban hängen Basketballkörbe im Büro.

East Side Gallery Unterhalb der Oberbaumbrücke beginnt am rechten Spreeufer die East Side Gallery – ein Stück von Künstlern gestaltete Berliner Mauer, die heute unter Denkmalschutz steht. Die über einen Kilometer lange Freiluftgalerie besteht aus einem Abschnitt der einst 155 Kilometer langen Berliner Mauer, die Ost- und Westberlin sowie NATO und Warschauer Pakt zwischen 1961 und 1989 voneinander trennte. Gleich nach Mauerfall zeichneten im Frühjahr 1990 118 Künstler aus 21 Ländern Gemälde auf dieses einst triste Stück Beton. Die Motive künden vom Frieden und der Überwindung der ehemals unversöhnlichen Machtblöcke.

Direkt an der Oberbaumbrücke befinden sich zwei Diskotheken. Am Wasser der Speicher und unter der »Gleisharfe«, an der Warschauer Straße unter dem U-Bahnhof, die Matrix discotheque.

Gegenüber dem Speicher, unmittelbar neben der Oberbaumbrücke hat das Restaurantschiff Amor mit dem griechischen Restaurant Okyanos romantisch unter Trauerweiden festgemacht. Ein Stückchen weiter spreeabwärts kann man auf einem »Spreebalkon« des Restaurants und Clubs no 52 die hervorragende, mediterran angehauchte Küche oder auch nur den schönen Blick auf die Spree mit der Oberbaumbrücke und dem Speicher genießen. Das abendliche Panorama und die Kreuzberger Nächte sind hier besonders schön.

[Idylle am Abend im no 52 mit Balkon zur Spree]

Heeresbäckerei-Kultur Auf der Kreuzberger Seite der Spree steht neben dem alten Victoria-Speicher die Heeresbäckerei, ein altes Fabrikgebäude aus dem 19. Jahrhundert. Wo bis 1945 Proviant für das Heer produziert wurde, entstehen heute moderne Büro-Lofts sowie attraktive Arbeits- und Ausstellungsräume für Galerien, Malerei, Grafik und Musik.

Quartier am Ostgüterbahnhof Vom Wasser aus wird zukünftig hinter der East Side Gallery zwischen den S-Bahnhöfen Warschauerstraße und Ostbahnhof die Berlin National Arena, eine Multifunktionshalle für 16.000 Besucher, sichtbar sein. In ihr werden jährlich ca. 200 Veranstaltungen stattfinden. Sport, Entertainment und Kongresse sind nur ein Teil des Lebens in dem neu zu entwickelnden 25 Hektar großen Quartier am Ostgüterbahnhof. Auch Büros, Wohnungen und Kulturflächen werden hier entstehen – sogar ein 136 Meter großes Hochhaus ist geplant.

Um den Blick und den Zugang zur Spree zu ermöglichen, wird die »Mauer geöffnet«, rund 20 Meter der East Side Gallery werden

[Vor den Triastürmen fährt die S-Bahn auf einem Viadukt]

entfernt und somit der Weg zu einem Anleger für Fahrgastschiffe frei.

Zukunftsenergie und Mediaspree Am Ende der East Side Gallery befindet sich im Gebäude des alten Gasmaschinenwerkes das »Berliner Zentrum Zukunftsenergie«. In dem ökologisch und energiewirtschaftlich mustergültig hergerichteten Energieforum sind Unternehmen, Verbände und Forschungseinrichtungen angesiedelt, die sich mit der Anwendung klimaverträglicher Energien beschäftigen. Der Energie-Hightech-Standort benötigt dank Erdwärmeversorgung, Solaranlage und einem ausgeklügelten Belüftungssystem nur 20% der Energiekosten herkömmlicher Bürogebäude.

Auf der dem Energieforum gegenüberliegenden Kreuzberger Spreeseite befindet sich der zur BEHALA gehörende Victoria-Speicher. Er wurde vor 1945 als Proviantlager für die Heeresverwaltung genutzt. Zukünftig wird das Speicherareal zu einem Hotel- und Bürokomplex umgebaut.

Spreeabwärts wird sich backbord zwischen Michael- und Schillingbrücke die neue Bundeszentrale der Gewerkschaft ver.di eta-

blieren. Neben einer Verwaltungseinheit werden ein Konferenzzentrum, eine Bibliothek und Restaurants gebaut.

Auf der Steuerbordseite entstehen in Friedrichshain auf dem gleichen Streckenabschnitt der Spree das 70 m hohe Gebäudeensemble »Spreesinus« – Sinus weil sich die Glasfassade in Wellenform präsentieren wird – sowie daran anschließend die Bebauung »BSR Spreeurban«, ein Projekt der Berliner Stadtreinigung.

Auf der Strecke zwischen Oberbaum- und Michaelbrücke entsteht Berlins Mediaspree, d.h. hier sind Gebäude und Ansiedler zu finden, die vorwiegend mit Information, Kommunikation und Entertainment zu tun haben.

Trias-Bürogebäude Nach dem Passieren der Michaelbrücke kommen auf der rechten Uferseite die Trias-Türme ins Blickfeld. Es sind drei miteinander verbundene 13-geschossige Büro- und Geschäftshäuser, die einem Dreirumpfschiff ähneln. Zwischen den Bürotürmen befindet sich ein Sockelbau für Dienstleistungseinrichtungen. Die Dachflächen sind als grüne Oase gestaltet. Dieses Gebäudeensemble wurde von 1993–1996 von Beringer & Wawrik gebaut. Hauptnutzer sind heute die Deutsche Bahn AG und die TLG Treuhand Liegenschaftsgesellschaft mbH.

Zwischen den Triastürmen und der Spree verläuft am rechten Ufer des Flusses die Fern- und S-Bahntrasse. Diese Trasse ist auf einem Viadukt gelegen und folgt streckenweise dem Verlauf der früheren Stadtmauer. Die Berliner Stadtbahn ist Europas erste Viaduktbahn und wurde 1882 in Betrieb genommen. Für die Trasse wurden ca. 740 Bögen mit Ziegeln aus dem Berliner Umland gemauert. Die S-Bahnbögen werden häufig gewerblich genutzt, unter anderem auch von vielen Geschäften und Restaurants.

Das Berliner Stadtbahnnetz ist ca. 325 Kilometer lang. Täglich fahren über 1.100 S- und Fernbahnzüge auf ihm.

Tipp für Idylle am Abend
Restauration, Club, Lounge no 52
Pfuelstraße 5
10997 Berlin
Tel. 0177 / 604 41 16
Mo – So 18 – 24 Uhr

[Blick über die Spree zum S-Bahnhof Jannowitzbrücke]

Zwischen Jannowitzbrücke und Mühlendamm Von der Jannowitzbrücke führt die Bahntrasse zum Alexanderplatz. Konzipiert wurde die erste Brücke Berlins außerhalb der Stadtmauer im Jahr 1822 durch C. August Alexander Jannowitz, der durch die Zolleinnahmen ein reicher Mann wurde. Bis nach dem Krieg waren die Anleger unterhalb der Jannowitzbrücke die zentralen Dampferanlegestellen Berlins. Von hier starteten die Schiffe zu den Ausflügen in das Stadtzentrum und zum Müggelsee. In der Nachkriegszeit begab man sich hier an Bord der noch oder wieder fahrbereiten Schiffe zu den berüchtigten Hamsterfahrten nach Potsdam, Brandenburg, Fürstenwalde oder Fürstenberg/Oder. Berliner erwarben im Tauschgeschäft für Hausrat und Wertsachen Essbares zum Überleben. Darüber hinaus wurde auf den bereits abgeernteten Feldern nachgelesen: Ähren von der Getreide- und Knollen von der Kartoffelernte.

Heute befinden sich die Schifffahrtszentren für Ausflüge mit der Weißen Flotte im Fahrgasthafen Treptow, in Tegel an der Greenwichpromenade und am Wannsee.

[Das Märkische Museum]

Ehe nach Durchfahren der Mühlendammschleuse die Fahrt durch den historischen Stadtkern beginnt, sehen wir zwischen Jannowitzbrücke und Mühlendammschleuse auf der linken Spreeseite die Chinesische Botschaft, das Märkische Museum, den historischen Hafen und die Fischerinsel. Das Botschaftsgebäude Chinas ist ein Umbau der ehemaligen Gewerkschaftszentrale der DDR, dem FDGB-Haus.

Märkisches Museum Das Märkische Museum am Köllnischen Park ist auch über den gleichnamigen U-Bahnhof zu erreichen. Es sieht wie eine Kirche aus und dokumentiert die geschichtliche und künstlerische Entwicklung Berlins und der Mark Brandenburg durch die Jahrhunderte. Zu den Exponaten gehören Glas, Porzellan, Malerei, Kunstguss und Ausstellungsstücke zur Berliner Theatergeschichte. Darüber hinaus sind hier Flötenuhren, Spieldosen und Polyphone zu bewundern. Der Bau wurde in der Zeit von 1901 bis 1907 durch Ludwig Hoffmann errichtet. Bis zu dieser Zeit wurde die Sammlung des Märkischen Provinzialmuseums der

[Blick auf das Ephraim Palais, die Nikolaikirche und die Alte Münze]

Stadtgemeinde Berlin provisorisch in vier verschiedenen Gebäuden untergebracht. Heute stehen das Gebäude des Märkischen Museums sowie der einen Hektar große Köllnische Park unter Denkmalschutz. Ursprünglich als Garten angelegt, erlebte der Köllnische Park eine wechselvolle Geschichte: hier entstand 1749 Berlins erste Zuckersiederei, später wurden die Gebäude dann als Tanklager, Hospital und Irrenanstalt genutzt. Im 19. Jahrhundert wurde der Köllnische Park zu einem Landschaftsgarten umgestaltet. Bereits seit 1938/39 sind hier in einem Bärenzwinger die »Berliner Bären«, echte Braunbären zu sehen. 1969 wurden im Park eine Terrasse und ein Spielplatz angelegt sowie das Lapidarium, eine Art Freilichtmuseum, errichtet.

Am Märkischen Ufer, auf der linken Spreeseite, zweigt der Kupfergraben, der am Bodemuseum wieder in die Spree mündet, ab. Zur Zeit des Großen Kurfürsten Friedrich Wilhelm hieß der Kupfergraben Friedrichsgracht.

Märkisches Museum
Kultur- und Kunstgeschichte Berlins und der Mark Brandenburg
Am Köllnischen Park 5
10179 Berlin
Tel. 030 / 308660
🕓 Di – So 10 – 18 Uhr

Historischer Hafen Unmittelbar am Abzweig des Kupfergrabens befindet sich Berlins Historischer Hafen. Dort liegen Oldtimer der Binnenschifffahrt, die besichtigt werden können oder für Theatervorstellungen und historische Fahrten genutzt werden.

In den Laderäumen der »Renate Angelika«, einem alten Schleppkahn, ist die ständige Ausstellung »Zur Geschichte der Binnenschifffahrt auf Spree und Havel« zu sehen. Sie zeigt sehr deutlich den engen Zusammenhang zwischen Stadtentwicklung und Binnenschifffahrt. Die einzigartige Infrastruktur der Wasserwege in und um Berlin ließ die Binnenschifffahrt über Jahrhunderte zum Verkehrsträger Nummer Eins bei der Ver- und Entsorgung der Stadt avancieren. Für die Transporte wurden Berliner Maßkähne eingesetzt. Dies sind speziell für die Schifffahrtsverhältnisse auf den Märkischen Wasserstraßen zugeschnittene Lastschiffe. Sie waren 46 Meter lang, 6,6 Meter breit und hatten bei einem Tiefgang von 1,75 Meter eine Tragfähigkeit von 350 Tonnen. Jährliche Höhepunkte der Berlin-Brandenburger Schifffahrtsgesellschaft, dem Betreiber des Historischen Hafens, sind: Das Schifffahrtsfest im Januar (Hier findet ein traditioneller Umzug vom Historischen Hafen durch das Nikolaiviertel zum Roten Rathaus und zum Wasser- und Schifffahrtsamt statt), die Lastenseglerregatta im Mai (Auf dem Müggelsee wetteifern hier alte Finow-Maßkähne unter Segel um den Lastenseglerpokal), das Hafenfest und der Nautiquitätenmarkt im August (Binnenschifffahrt und Häfen präsentieren an einem Wochenende unterhaltsam Geschichte und Gegenwart rund um das Schiff, die Wasserwege sowie nautische Bücher und Fanartikel).

[Historische Häuser am Kupfergraben]

[Der historische Hafen bietet Einblick in die Schifffahrtsgeschichte]

Fischerinsel Hinter dem Historischen Hafen erstreckt sich zwischen Spree und Kupfergraben die acht Hektar große Fischerinsel. Sie gehörte zum ältesten Teil der mittelalterlichen Stadt Cölln. Dort wohnten einst wohlhabende Fischer und Schiffer. Bis zum Zweiten Weltkrieg bewahrte die Insel ihr mittelalterlich malerisches Flair. Die Reste der bei den Luftangriffen bis 1945 fast völlig zerstörten Inselbebauung wurden 1967 abgerissen. Es entstanden sieben Hochhäuser. Nur ein altes Gebäude wurde erhalten und restauriert. Es ist das Haus Friedrichsgracht Nr. 15 aus dem Jahr 1740, welches versetzt wurde und jetzt am Märkischen Ufer 12 steht. Gemütliche Atmosphäre mit Berliner Küche findet man im Fischerkietz – einer Kneipe auf der Insel, die insbesondere für ihre Spezialitäten aus der Pferdefleischerei bekannt ist.

In die Kategorie edel & teuer fällt die am Märkischen Ufer ganz in der Nähe gelegene Restauration Ermelerhaus. Hier finden wir in einem original Rokoko-Haus auf drei Etagen eine Gastronomie, die gehobenen Ansprüchen gerecht wird. Zum historischen Ambiente und einer guten Küche gehören an diesem Standort auch niveauvolle Ausstellungen. Das ursprünglich in der Breiten Straße 11 stehende Haus stammt bereits aus dem Jahr 1567 und wurde zwischen 1760 und 1763 von Friedrich Wilhelm Diterichs zu einem Rokokopalais umgebaut. Viele Details wie die vergoldete schmiedeeiserne Treppe, der Festsaal im ersten Obergeschoss und das Rosenzimmer im Hofflügel stammen noch aus dieser Zeit. 1804 wurde die Fassade des Ermelerhauses im klassizistischen Stil umgestaltet. Der Tabakshändler Wilhelm Ferdinand Ermeler, der dieses Haus 1824 kaufte, eröffnete hier seine Cigarren-, Rauch- und Schnupftabaksfabrik. Darüber hinaus öffnete er sein Haus für kulturelle Veranstaltungen. Ab 1932 wurde es Kulturmuseum und Zweigstelle des Märkischen Museums. 1947 wurde das Haus an die Stadt verkauft, die hier eine Ratsbibliothek einrichtete. 1967 wurde es dann abgetragen und am heutigen Standort, am Märkischen Ufer 10, wieder aufgebaut. Seit 1969 befindet sich in dem unter Denkmalschutz stehenden Patrizierhaus eine Gaststätte für gehobene Ansprüche.

Am Mühlendamm Ehe die Fahrt durch den historischen Stadtkern beginnen kann, muss die Mühlendammschleuse durch- und die Mühlendammbrücke unterfahren werden. Auf der Schleusenseite befindet sich am Rolandufer die neue Niederländische Bot-

schaft und am Molkenmarkt 1–3 die Staatliche Münze Berlin. Die erste Erwähnung einer Münzprägung datiert aus dem Jahr 1280. Nach der deutschen Wiedervereinigung wurde hier 1991 die erste bundesdeutsche Gedenkmünze produziert. Auch die Einführungsmenge der Euro-Münzen für unser Land wurde an diesem Ort gefertigt. Alle Münzen mit dem Prägezeichen A stammen von hier.

Geld wurde am Mühlendamm schon immer gedruckt oder verdient. Aus der Zeit der Stadtgründung ist bekannt, dass an der Furt zwischen der Doppelstadt Berlin und Cölln ein Molendamm angelegt wurde. Es entstand die Mühlendammbrücke, die gleichzeitig Wehranlage und Mühlenstau war. Zahlreiche Wassermühlen führten zu einem regen Mühlenbetrieb und einer florierenden Geschäftstätigkeit in der Gegend. Waren, die in die Stadt sollten, mussten am Mühlendamm umgeladen werden. Das bescherte der Stadt beträchtliche Einnahmen. Erst mit dem Bau der ersten Mühlendammschleuse im Jahr 1578 entfiel das Umladen der Güter. Der Mühlenbetrieb wurde bis 1888 aufrechterhalten. In diesem Jahr wurde mit dem Bau einer neuen größeren Schleuse und einer Brücke aus Stahl begonnen. Der stark anwachsende Schiffsverkehr forderte zu Beginn des 20. Jahrhunderts einen leistungsfähigeren Schleusenbau. Die heute sichtbare 140 Meter lange und 12 Meter breite Doppelschleuse entstand zwischen 1935 und 1942. Zehn Jahre später brach man die alte Schleusenanlage ab. Reste dieser alten Schleuse (die Sparkammern für das Schleusenwasser) findet man heute noch am Spreeufer des Nikolaiviertels.

Historischer Hafen
Am Märkischen Ufer
10179 Berlin
Tel. 030 / 21 47 32 57
Ständige Ausstellung
Mai – Oktober
Di – Fr 14 – 18 Uhr
Sa u. So 11 – 18 Uhr

Tipp für Inselbesucher zur Stärkung
Zum Fischerkietz
Fischerinsel 5
10179 Berlin
Tel. 030 / 201 15 16
Mo – So 11 – 24 Uhr

Tipp für Feinschmecker und Kunstinteressierte
Ermelerhaus
Märkisches Ufer 10
10179 Berlin
Tel. 030 / 24 06 20
Di – Sa 18 – 1 Uhr

Durch den historischen Stadtkern

Vom Nikolaiviertel bis zur Museumsinsel

In unmittelbarer Nähe der Mühlendammschleuse befinden sich mehrere historische Kostbarkeiten Berlins: Auf der einen Spreeseite, flussabwärts rechter Hand, das Nikolaiviertel, Berlins ältester Stadtteil und auf der anderen Spreeseite der Marstall und die Stadtbibliothek. Unmittelbar neben dem Marstall war früher das Berliner Stadtschloss gelegen. Dort steht heute noch der Palast der Republik.

Nikolaiviertel Im Nikolaiviertel, wo einst rund um die älteste Kirche der Stadt, die Nikolaikirche, Berlin entstand, ist heute ein architektonischer Mix aus Gotik, Klassizismus, Historismus und Postmoderne zu finden. Während des Zweiten Weltkrieges fast komplett zerstört, wurde das Nikolaiviertel in den achtziger Jahren zur 750-Jahr-Feier Berlins mit sozialistischem Charme wieder aufgebaut. Meist in Plattenbauweise wurden die Gebäude mit historisch nachempfundenen Fassaden wieder neu errichtet. Heute gibt es hier 780 Wohnungen, 33 Geschäfte und 22 Gaststätten.

In diesem kleinen historischen Viertel mit den engen Gassen kann man spazieren gehen, in den vielen kleinen Läden, Boutiquen, Antiquariaten und Kunstgewerbeläden shoppen oder sich auch nur gemütlich in einem der vielen Restaurants, Cafés oder Biergärten niederlassen. Bereits Heinrich Zille wusste diese Gegend zu schätzen. Er war Stammgast in der Gaststätte Zum Nußbaum. Der Nußbaum war bis zur Zerstörung 1943 eine von Berlins ältesten Kneipen. Hier verkehrten über zweieinhalb Jahrhunderte die Spreeschiffer. Das 1507 errichtete Haus stand früher allerdings auf der Fischerinsel und wurde im Nikolaiviertel 1986/87 nach alten Plänen wieder aufgebaut. Einen Nussbaum gibt es heute natürlich auch wieder – er steht im Biergarten vor der Kneipe.

Zum Nußbaum
Am Nußbaum 3
10178 Berlin
Tel. 030 / 242 30 95
🕓 Mo – So ab 12 Uhr

Georgbräu
Spreeufer 4,
10178 Berlin
Tel. 030 / 242 42 44
🕓 Mo – So bis 24 Uhr

Knoblauchhaus
Poststraße 23
10178 Berlin
Tel. 030 / 24 00 21 71
🕓 Di – So 10 – 18 Uhr

Nikolaikirche
Nikolaikirchplatz
10178 Berlin
Tel. 030 / 24 00 21 82
🕓 Di – So 10 – 18 Uhr

Ephraim-Palais
Poststraße 16
10178 Berlin
Tel. 030 / 24 00 20
🕓 Di – So 10 – 18 Uhr

Fernsehturm
Panoramastraße 1a
Tel. 030 / 242 33 33
Fax 030 / 242 59 22
🕓 Mo – So 9 – 1 Uhr
Panoramacafé
🕓 Mo – So 10 – 1 Uhr

Direkt an der Spree befindet sich das Brauhaus Georgbräu. Hier wird helles und dunkles Georgbier gebraut, welches man im Garten bei Eisbein oder Berliner Bouletten genießen kann.

Tatsächlich im Originalzustand im Nikolaiviertel ist nur noch das Knoblauch-Haus aus dem Jahr 1759. Dies war einst das Haus des reichen Seidenfabrikanten Johann Christian Knoblauch. Es war Treffpunkt bedeutender Persönlichkeiten wie Gotthold Ephraim Lessing, Moses Mendelssohn oder Freiherr vom Stein. Heute befinden sich hier die Historischen Weinstuben sowie in der ersten Etage die Ausstellung »Bürgerliches Wohnen im Biedermeier« und in der Etage darüber die Sonderausstellungen »Berliner Nachtszenen« und »Berliner Brauhaus«.

Nikolaikirche Die Nikolaikirche ist die älteste und bedeutendste Kirche Berlins. Sie wurde um 1230 als dreischiffige Feldsteinbasilika begonnen und Ende des 13. Jahrhunderts zu einer spätgotischen dreischiffigen Hallenkirche umgebaut. Der Bau des heutigen Langhauses und der nördliche Choranbau sowie die Liebfrauenkapelle stammt aus der Mitte des 15. Jahrhunderts. Von Hermann Blankenstein wurde die Kirche in der Zeit von 1876–1878 restauriert und mit einem neugotischen Turmpaar versehen.

Nach dem Zweiten Weltkrieg war die Kirche bis auf die Umfassungsmauer zerstört und wurde im Rahmen der Restaurierungsarbeiten zur 750-Jahr-Feier Berlins von 1980–1987 unter Leitung des Architekten Günther Stahn wieder aufgebaut. 1987 wurde sie als Museum eröffnet. Es dokumentiert die Geschichte der Kirche und zeigt ständig wechselnde Sonderausstellungen.

Ephraim-Palais Das Ephraim-Palais, die »schönste Ecke« Berlins, steht am Rande des Nikolaiviertels direkt an der Mühlendammbrücke. Dieses prächtige Bürgerhaus an der Ecke des Molkenmarkts wurde 1762–1765 von Friedrich Wilhelm Diterichs für Veitel Heine Ephraim, Bankier und Münzpächter König Friedrich II., umgebaut. 1935 trug man das Gebäude für eine Straßenverbreiterung ab, seine einzelnen Bauteile lagerten bis in die achtziger Jahre in Westberlin. Nach zahlreichen Bürgerprotesten wurde es in den Jahren 1985–1987, 12 Meter nach hinten versetzt, wieder aufgebaut. Heute werden die Räumlichkeiten für Wechselausstellungen des Stadtmuseums genutzt.

Alexanderplatz mit Fernsehturm Zwischen den alten Gebäuden des Nikolaiviertels taucht immer wieder die Spitze des Fernsehtur-

mes auf. Das Berliner Wahrzeichen, mit einer Höhe von 368 Meter eines der höchsten Bauwerke Europas, wurde in der Zeit von 1966–1969 auf dem Alexanderplatz errichtet. Aus der Kugel, aus 207 Meter Höhe, bietet sich dem Besucher eine atemberaubende Aussicht auf die Stadt. In dem höchsten Café der Stadt kann man sich während einer Stunde gemütlich die ganze Stadt anschauen – in dieser Zeit dreht sich der Fußboden des Cafés um 360°.

Der Alexanderplatz, ursprünglich Ochsenmarkt und Exerzierplatz und außerhalb Berlins gelegen, erhielt seinen Namen nach dem Besuch Zar Alexander I. im Jahr 1805. Durch den Bau der S-Bahn 1882, einer Markthalle, des Kaufhauses Tietz und der U-Bahn 1913 entwickelte er sich zu einem zentralen Verkehrsknoten. Nach den Zerstörungen im Zweiten Weltkrieg wurde er in den sechziger Jahren wieder aufgebaut und um das Fünffache seiner ursprünglichen Größe erweitert.

In den nächsten Jahren sollen hier auf dem Alex sechs Hochhäuser entstehen. Nach den Plänen des preisgekrönten Siegerentwurfs von Hans Kollhoff zum städtebaulichen Wettbewerb aus dem Jahr 1993 waren ursprünglich sogar 13 Häuser mit 150 Metern Höhe geplant. Der Einbruch des Immobilienmarktes ließ den Senat diese Zahl erst auf zehn, nun auf sechs korrigieren.

Haus der Deutschen Wirtschaft

Doch zurück zur Spree. Unmittelbar hinter der Mühlendammbrücke und gegenüber dem Nikolaiviertel befindet sich ein weiteres interessantes Gebäude – das Haus der Deutschen Wirtschaft. Hier ist seit 1999 der Sitz der drei Spitzenverbände der Deutschen Industrie: des Deutschen Industrie- und Handelstages, des Bundesverbandes der

[Auf dem Wasserboulevard – links Marstall, rechts Nikolaiviertel]

Deutschen Industrie und der Bundesvereinigung der Deutschen Arbeitgeberverbände. Die in Blockbauweise errichteten Gebäude der Verbände sind über einen Lichthof miteinander verbunden. Die moderne Architektur vermittelt Transparenz und spiegelt die Verbundenheit der Verbände in ihrem Streben nach Stärkung der deutschen Wirtschaft wieder. Das Gebäudeensemble ist das Ergebnis eines internationalen Wettbewerbs, den das Hamburger Architekturbüro Schweger + Partner für sich entscheiden konnte.

Marstall Gleich an das Haus der Deutschen Wirtschaft schließt sich der historische Marstall an. Der Neue Marstall wurde neben dem Stadtschloss in der Zeit von 1896 bis 1901 nach Plänen von Ernst von Ihne erbaut. Der Komplex des Neuen Marstalls mit der 93 Meter langen Hauptfassade und dem 176 Meter langen Spreeflügel schloss große Teile des Alten Marstalls sowie mehrere Bürgerhäuser ein. Beherbergte er früher 300 Pferde, die Kutschen und Schlitten des kaiserlichen Hofes, so nutzte ihn ab 1920 die Berliner

[Der Fernsehturm – mit 368 Metern Höhe ein Wahrzeichen Berlins]

Stadtbibliothek. Der Neue Marstall erlitt während des Zweiten Weltkrieges schwere Beschädigungen. 1968 wurde er dann jedoch ohne die schmückenden Fassadenelemente wieder rekonstruiert. Anschließend zog hier die Akademie der Künste der DDR mit Ausstellungen ein. Vorgesehen ist der Neue Marstall als Sitz der Hochschule für Musik »Hans Eisler«.

Stadtschloss kontra Palast der Republik In der Mitte Berlins – auf der Spreeinsel zwischen zwei Spreearmen – stand einst das Hohenzollernschloss. Die ältesten Bauteile des Mitteltraktes stammten bereits aus dem 15. Jahrhundert. Bis zum Ende des 17. Jahrhunderts wurde das Schloss dann von den jeweiligen Herrschern immer wieder umgebaut und erweitert. Die bekanntesten Baumeister waren von 1699 bis 1707 Andreas Schlüter, anschließend nach dem Einsturz des von ihm geplanten Münzturmes, bauten Johann Friedrich Eosander von Göthe und Martin Heinrich Böhme bis 1716 weiter. Die Kuppel der Schlosskapelle über der Südfassade wurde erst Ende des 19. Jahrhunderts errichtet. Vom Sommer 1950 bis zum Frühjahr 1951 wurden die Überreste des

durch den Zweiten Weltkrieg fast völlig zerstörten Schlosses gesprengt. Einzelne Elemente aus dem Schlossensemble wurden geborgen und an anderer Stelle wieder verwendet und zum Beispiel erhaltene Plastiken wieder aufgestellt. So finden sich Figuren des Schlosses am Zeughaus und das Portal IV vom Nordflügel, das von Johann Friedrich Eosander von Göthe geschaffen worden war, in das ehemalige Staatsratsgebäude integriert. Die Reiterstatue des »Heiligen Georg«, der mit einem Drachen kämpft, stand von 1951 bis1987 im Volkspark Friedrichshain und seit 1987 im Nikolaiviertel. Die Bronzelöwen sind im Tierpark zu finden und der Neptunbrunnen am Fernsehturm.

1972 wurde eine Grundsatzstudie zum Bau eines Mehrzweckgebäudes auf dem Areal des alten Stadtschlosses erarbeitet. Mit dem Bau des Palastes der Republik wurde nach einem Beschluss der DDR-Parteiführung im Jahr 1973 begonnen. Der Chefarchitekt war Heinz Graffunder. Die Bauarbeiten dauerten bis zum April 1976. Der Palast diente der Volkskammer, der SED, der FDJ und dem FDGB für Versammlungen. Darüber hinaus fanden hier zahlreiche kulturelle Veranstaltungen wie Konzerte und Theateraufführungen statt. Gern besucht wurden auch die Bars, Restaurants und Cafés sowie das Bowlingcenter des Palastes. Im September 1990 nach der deutschen Wiedervereinigung wurde der Palast wegen Asbestbelastung geschlossen.

Bereits in das Jahr 1993 zurück reicht die Debatte um den Abriss des Palastes und den Wiederaufbau des Schlosses. Im September 1998 begann die Asbestsanierung. Die Zukunft des Palastes war bis dahin jedoch immer noch ungeklärt.

Im Juli 2002 fiel dann endlich die Entscheidung – der Bundestag votierte für die Rekonstruktion des Schlosses. Die barocken Nord-, Süd- und Westfassaden des ehemaligen Stadtschlosses sollen wieder aufgebaut werden. Dahinter wird sich dann, so der Wunsch der Parlamentarier, ein moderner Vielzweckbau verbergen – mit den verschiedensten Nutzungen: Museen, Bibliotheken, Restaurants und Veranstaltungsräumen. Was wohl Karl Friedrich Schinkel zu diesem städtebaulichen Eingriff gesagt hätte? »Selbst das Fehlerhafte«, so dachte der berühmte Baumeister, »wenn es aus dem Geschmack der Zeit hervorgegangen ist, wird in der historischen Reihe ein interessantes Glied sein und, an seinem Platze, manchen Wink und Aufschluß geben.«

Berliner Dom Folgt man der Spree weiter stromabwärts so taucht hinter dem Palast der Republik linker Hand der Dom auf. Er wurde in den Jahren 1893–1905 als Oberpfarr- und Domkirche der Hohenzollern im Stil der italienischen Hochrenaissance von Julius Carl und Otto Raschdorff erbaut. Er war Preußens »Petersdom« und die bedeutendste evangelische Kirche des Landes.

Seine Geschichte reicht zurück bis in das 15. Jahrhundert. Nachdem ursprünglich am Schlossplatz eine gotische Dominikanerkirche entstehen sollte, wurde zur Zeit Friedrich des Großen ein barocker Dom nach Plänen von Knobelsdorff 1747–1750 am heutigen Standort errichtet. Dieser wurde von Karl Friedrich Schinkel in den Jahren 1817–1822 im klassizistischen Stil umgestaltet. Nach dem Abriss des alten Domes unter Kaiser Wilhelm II., wurde ein neuer Dom, dann reich verziert im Stil der italienischen Hochrenaissance, erbaut.

Während des Zweiten Weltkrieges wurde der Berliner Dom stark zerstört. Der vereinfachte Wiederaufbau der Außenhaut erfolgte von 1975–1982, die Restaurierung der Innenräume war erst 1993 beendet.

An der Ausgestaltung des Berliner Doms waren die bekanntesten Künstler

Berliner Dom
Am Lustgarten
10178 Berlin
Tel. 030 / 20 26 90
Fax 030 / 20 26 91 22
◷ Predigtkirche und Fürstengruft
April – September
Mo – Sa 9 – 20 Uhr
Do 9 – 22 Uhr
So 12 – 20 Uhr
Oktober – März
Mo – Sa 9 – 19 Uhr
So 12 – 19 Uhr
◷ Fürstengruft
(keine Besichtigungen bei Gottesdiensten und Veranstaltungen)
Mo – Sa 9 – 18 Uhr
So und feiertags 12 – 18 Uhr
◷ Kuppelumgang
(270 Stufen)
witterungsabhängig
(keine Besichtigungen bei Gottesdiensten und Veranstaltungen)

[Blick über die Schlossbrücke zum Berliner Dom]

der damaligen Zeit beteiligt. Zu den größten Kunstwerken zählen die beiden Prunksarkophage des Kurfürsten Friedrich Wilhelm (des Großen Kurfürsten) und der Kurfürstin Sophie Charlotte aus vergoldetem Zinnbleiguss. Der Hauptaltar wurde von Friedrich August Stüler errichtet.

Genau gegenüber, auf der anderen Seite der Spree, entsteht ein neues Cityquartier. Es trägt den Namen DomAquarée, benannt nach dem Berliner Dom, auf den man von hier aus einen tollen Blick genießen kann. Im DomAquarée gibt es Geschäfte und Gaststätten, Büros und Wohnungen, ein Hotel sowie eine Tagesklinik auf einer Fläche von insgesamt 64.000 m^2. Das besondere in dem Hotelkomplex ist ein gläserner Aufzug, der über fünf Etagen durch ein riesiges Salzwasseraquarium führt.

Hier, an der Liebknechtbrücke zwischen Berliner Dom und Palast der Republik, befindet sich auch die Abfahrtstelle der Grachtenboote. Diese aus Holland importierten Schiffe haben ein Glasdach und bieten somit Berlinbesuchern bei Rundfahrten eine besonders gute Sicht.

Museumsinsel Eine solche Rundfahrt führt den Besucher zuerst am Berliner Dom und dann an der Museumsinsel, mit der Alten Nationalgalerie, dem Bode-, Pergamon-, sowie dem Alten und Neuen Museum vorbei. In diesen fünf Museen sind archäologische Sammlungen sowie die Kunst des 19. Jahrhunderts ausgestellt. Die Architektur der Museen selbst ist schon sehenswert – jedes Gebäude wurde entsprechend seinem Ausstellungsinhalt gebaut und repräsentiert eine andere Zeit. 1999 wurde dieses bedeutende Ensemble zum Weltkulturerbe der UNESCO erklärt.

Die Alte Nationalgalerie zeigt europäische und deutsche Malerei des 19. Jahrhunderts unter anderem Kunstwerke der Romantik, des Klassizismus, des Biedermeier, des Realismus, der Deutschrömer sowie des französischen Impressionismus und Expressionismus. Hier sind Werke von Karl Friedrich Schinkel, Caspar David Friedrich, Carl Blechen, Max Liebermann, Adolf Menzel und Johann Gottfried Schadow ausgestellt. Das Gebäude ist im Stil des Klassizismus in der Zeit von 1866–1876 nach Entwürfen August Stülers von Johann Heinrich Strack vollendet worden. Die Nationalgalerie erinnert an einen korinthischen Tempel mit einer offenen, von Säulen getragenen Vorhalle.

[Das Alte Museum mit seinen 18 ionischen Säulen]

Das Bodemuseum befindet sich auf der Spitze der Museumsinsel, wo die zwei Spreearme zusammenfließen. Es ist als Neobarockbau nach Entwürfen von Ernst Ihne 1897–1904 erbaut worden. Hier haben eine Gemäldegalerie, eine Skulpturensammlung, Europas bedeutendstes Münzkabinett, das Museum für spätantike und byzantinische Kunst sowie das Ägyptische Museum ihre Heimstatt. Allerdings wird der Komplex zur Zeit restauriert und ist voraussichtlich bis 2005 geschlossen. Die Gemäldesammlung ist während der Schließzeit in der Gemäldegalerie des Kulturforums am Matthäikirchplatz zu besichtigen.

Die gewaltige Kuppel, die sich über der Ruhmeshalle befindet, gibt dem Gebäude das Aussehen eines die Spree befahrenden Schiffes. Die inneren Räume des vierteiligen Ausstellungskomplexes mit fünf Lichthöfen wurden durch Museumsdirektor Wilhelm von Bode entsprechend den ausgestellten Epochen gestaltet. Das Pergamonmuseum, das eine Antikensammlung, das Vorderasiatische Museum sowie das Museum für Islamische Kunst be-

[Flohmarkt am Kupfergraben vor der Museumsinsel]

Museen auf der Museumsinsel
Bodestraße 1
10178 Berlin
Tel 030 / 20 90 55 66
🕓 Di – So 10 – 18 Uhr

herbergt, erhielt seinen Namen nach dem dort ausgestellten Zeusaltar von Pergamon (Pergamonaltar). Weitere Hauptattraktionen des Pergamonmuseums sind das Markttor von Milet sowie die Prozessionsstraße und das Ischtartor von Babylon. Das Pergamonmuseum wurde in der Zeit von 1912 bis 1930 von Ludwig Hoffmann nach Plänen Alfred Messels erbaut.

Der erste Museumsbau innerhalb des Gesamtkomplexes war das Alte Museum. Hier sind unter anderem eine Antikensammlung, der Hildesheimer Silberschatz sowie griechische und römische Gläser und Kunstwerke untergebracht. Es wurde im Stil des Klassizismus 1824–1830 von Karl Friedrich Schinkel erbaut. König Friedrich Wilhelm III. machte in diesem ältesten Ausstellungsgebäude Berlins Kunstschätze, die bis dahin in den Schlössern untergebracht waren, für die Öffentlichkeit zugänglich. Der Bau besteht aus einer langgestreckten Halle mit 18 ionischen Säulen an der Südfront, in deren Mitte eine breite Freitreppe zur Säulenhalle führt.

Das Neue Museum ist das bedeutendste Bauwerk Berlins des nachschinkelschen Klassizismus. Es wurde von August Stüler in der Zeit von 1841 bis 1846 errichtet. Während des Zweiten Weltkrieges wurde es, wie insgesamt 70 Prozent der Bauten auf der Museumsinsel, fast völlig zerstört. Bis zum Jahr 2007 wird das Neue Museum nach Plänen des Architekten David Chipperfield wieder aufgebaut. Danach soll in dem Gebäude wieder das durch den Krieg geteilte Ägyptische Museum seine Heimat finden.

Zeughaus und Neue Wache Nach der Vorbeifahrt am Bodemuseum und der Unterquerung der Monbijoubrücke können flache Fahrgastschiffe in den Kupfergraben einfahren. Nach der vierten Brücke und ca. 1.000 Meter Fahrt ist dann vor dem Außenministerium an der Schlossbrücke für Schiffe kein Weiterkommen möglich. Dort stand einst die Schinkelsche Bauakademie. Ein Fassa-

[Das Zeughaus – heute Deutsches Historisches Museum]

denelement erinnert daran und offeriert einen möglichen Wiederaufbau der Akademie.

Die neue Wache aus dem Jahr 1818, vom Kupfergraben aus gesehen hinter dem Zeughaus gelegen, ist das Erstlingswerk des damals 37-jährigen Karl Friedrich Schinkel. Sie entstand als erster Repräsentationsbau nach der französischen Besetzung und wurde als Denkmal für die Befreiungskriege verstanden. Später wurde sie zu einem Gefallenenehrenmal umgestaltet und ab 1960 als Mahnmal für die Opfer des Faschismus und Militarismus genutzt. Seit 1993 ist die Neue Wache die Zentrale Gedenkstätte der Bundesrepublik.

Das Zeughaus, einst Gebäude zur Aufbewahrung von Kriegsgerät, Kriegsbeute und Trophäen wurde 1695–1729 erbaut. Es ist Berlins bedeutendster Barockbau und das Werk der Baumeister Johann Arnold Nering, Martin Grünberg und Andreas Schlüter. Das Zeughaus diente nicht nur als Waffenarsenal, sondern auch als »Ruhmeshalle der Brandenburgisch-Preußischen Armee«, als »Kriegsmuseum« und »Museum für Deutsche Geschichte«. Heute beherbergt es das Deutsche Historische Museum.

Die Regierungsstrecke

Zwischen Bahnhof Friedrichstraße und Schloss Bellevue

Hinter der Weidendammer Brücke beginnt die Fahrt durch das Regierungsviertel. Dort verlaufen parallel zur Spree der Schiffbauerdamm und das Reichstagsufer. Beide Straßennamen dokumentieren Geschichte. Auf der einen Seite der Spree wurden früher Schiffe gebaut und auf der anderen Seite wurde und wird jetzt auch wieder Politik gemacht.

Friedrichstraße Doch werfen wir zunächst noch einen Blick in die Friedrichstraße. Sie war einst Hauptachse der in den Jahren nach 1688 erbauten Friedrichstadt und eine der berühmtesten Straßen Berlins. Heute führt sie über 3,5 Kilometer vom Mehringplatz in Kreuzberg bis zum Oranienburger Tor in Mitte. Direkt an der Weidendammer Brücke liegt der Bahnhof Friedrichstraße. Der 1926 erbaute Bahnhof war zu Mauerzeiten einer der wichtigsten Grenzübergänge nach Westberlin. Er sollte nach der deutschen Wiedervereinigung zunächst zu Berlins Zentralbahnhof umgebaut werden. Seine Lage am Schnittpunkt von S- , U- und Regionalbahn sprachen dafür, die enge Bebauung und die geringen Erweiterungsmöglichkeiten im Umfeld des Bahnhofs dann allerdings doch für den zwei Stationen weiter gelegenen Lehrter Bahnhof.

Dennoch wurde der Bahnhof Friedrichstraße bis 1999 rekonstruiert und neu belebt. Dazu gehört auch die Herrichtung der S-Bahnbögen. In einem dieser Bögen befindet sich das Restaurant Zwölf Apostel. Dort wandern die Blicke der Gäste häufig nach oben. Warum? Das Deckengewölbe ist witzig bemalt und da über der Decke die S-Bahn fährt, kommt der meiste Lärm von dort – irgendwann nimmt man die donnernden Züge allerdings nicht mehr wahr.

Zwischen Bahnhofsvorplatz und Spree steht der Tränenpalast. Seinen Namen erhielt er in der Zeit vor 1989, als der Pavillionbau

[Der Reichstag mit seiner gläsernen Kuppel]

[Der Bahnhof Friedrichstraße]

zum Grenzübergang Friedrichstraße gehörte. Dort musste jeder durch, der hier mit der Bahn aus der DDR ausreiste oder von Verwandtenbesuchen wieder zurückfuhr – was nicht nur mit emotionalen Abschiedsszenen sondern oft auch mit schikanösen Kontrollen verbunden war. Heute ist der Tränenpalast Bestandteil des Gesamtensembles Friedrichstraße, steht unter Denkmalschutz und hat sich zu einem beliebten Veranstaltungsort entwickelt. Er ist immer noch ein Ort der Grenzgänge, der Vergangenheitsaneignung und des Aufeinandertreffens verschiedener Kulturen.

Zwölf Apostel
S-Bahnbögen,
Georgenstr. 2
10117 Berlin
Tel. 030 / 201 02 22
Mo – Do, So 11 – 24 Uhr
Fr – Sa 11 – 1 Uhr

Schiffbauerdamm Einwanderer aus Holland bauten im 17. Jahrhundert im Auftrage des Großen Kurfürsten an diesem Uferbereich der Spree Schiffe. Heute sind am Schiffbauerdamm Kultur, Gastronomie und das Bundesumweltministerium zu Hause. Am Schiff-

[Die »Ständige Vertretung« am Schiffbauerdamm]

bauerdamm Ecke Friedrichstraße stand bis 1982 der alte Friedrichstadtpalast. Heute befindet sich an gleicher Stelle ein Büro- und Geschäftshaus. Der neue Friedrichstadtpalast, eines der größten Revuetheater Europas, ist seit 1984 nur 100 Meter vom alten Standort entfernt in der Friedrichstraße gelegen.

Berliner Ensemble Unmittelbar neben dem neuen Bürohaus steht eines der renommiertesten deutschen Theater – das Berliner Ensemble. In dem 1892 erbauten Haus arbeiteten Persönlichkeiten wie Bertholt Brecht und Helene Weigel. Sie schrieben hier Theatergeschichte.

Auf Höhe des Theaters befindet sich in der Ufermauer eine Öffnung, aus der Wasser strömt. Es ist die Mündung der Panke, eines 26 Kilometer langen Flüsschens, welches auf dem Roten Felde bei Bernau nordöstlich von Berlin entspringt. Die Panke durchfließt die Stadtbezirke Pankow und Mitte, wo der Flusslauf in die Gestaltung der Grünanlagen des Schlossparks in Buch und Niederschönhausen sowie des Pankower Bürgerparks integriert ist.

Neben der Kultur hat sich in Reichweite des Theaters auch eine abwechslungsreiche Gastronomie etabliert. Darunter das Restau-

Tipp für Feinschmecker
Restaurant Engelbrecht
Schiffbauerdamm 6–7
10117 Berlin
Tel 030 / 28 59 85 85
◷ Mo – Sa 12 – 23 Uhr

Tipp für Biertrinker
Broker's Bierbörse
Schiffbauerdamm 8
10117 Berlin
Tel. 030 / 30 87 22 93
◷ Mo – So ab 11.30 Uhr

Treff mit Politpromis
StäV –
Ständige Vertretung
Schiffbauerdamm 8
10117 Berlin
Tel. 030 / 282 39 65
◷ Mo – So ab 10 Uhr

rant Engelbrecht, das zu den kulinarischen Spitzenreitern Berlins gehört. Die Küche ist kreativ und die Weine vorzüglich.

Daneben haben die Bierbörse und die Ständige Vertretung, kurz StäV genannt, ihre angestammten Plätze. Die Bierakademie führt 50 Sorten Gerstensaft. Der Preis für ein Bier richtet sich nach dem Durst, d. h. großer Durst bedeutet hohe Nachfrage und somit steigende Preise. Im umgekehrten Fall sinken die Preise und bei einem Crash fallen sie in den Keller. Über Monitore kann die Preisentwicklung wie an der Börse verfolgt werden.

Die Ständige Vertretung ist eine Referenz an alle Bonner Regierungsbediensteten in der Bundeshauptstadt und gleichzeitig Heimat für die »Vertriebenen« aus dem Rheinland. Sie ist die Kölsch-Kneipe für alle heimwehkranken Abgeordneten, die zunehmend von Berlinern und Touristen erschlossen wird.

Vom Presse- und Informationszentrum zum Unterbaum Auf der Weiterfahrt Richtung Spreemündung sehen wir am linken Ufer das Bundespresseamt, ein Flachbau mit gläserner Fassade. Hier werden täglich die Medien- und Pressevertreter über aktuelle Ereignisse in Deutschland und die Entscheidungen der Regierung informiert. Das Informationszentrum der Regierung liegt in der Dorotheenstadt, die 1673 von der Kurfürstin Dorothea gegründet wurde. Vor Durchfahren der Marschallbrücke ist ebenfalls auf der linken Spreeseite, am Reichstagsufer, das ARD-Hauptstadtstudio zu sehen. Im Jacob-Kaiser-Haus, das gleich hinter der Brücke steht, befinden sich Büros für Abgeordnete. Gleich daneben, nur durch den Friedrich-Ebert-Platz getrennt, steht der Reichstag.

[Der Reichstag]

Zwischen Reichstagspräsidentenpalais – heute Sitz der Parlamentarischen Gesellschaft – und Reichstagsgebäude verlief zwischen 1961 und 1989 die Berliner Mauer. Doch schon während der Barockzeit stand hier ein trennendes Bauwerk: die Zoll- oder Akzisemauer. Die Durchfahrt nach Berlin ermöglichte in der Barockzeit auf dem Landweg das 400 Meter südlich gelegene Brandenburger Tor. Auf der Spree diente der Unterbaum, ein quer im Wasser liegender Baumstamm, der tagsüber an das Ufer verschwenkt wurde, als nächtliche Barriere.

Reichstag Das Reichstagsgebäude, zwischen 1884 und 1894 nach Plänen von Paul Wallot errichtet, ist seit 1999 wieder Sitz des gesamtdeutschen Parlamentes. Die Entscheidung, Berlin als Regierungshauptstadt und Sitz des Deutschen Bundestages zu wählen, fiel 1991. Nach Plänen des britischen Architekten Sir Norman Foster wurde der Reichstag für 300 Millionen € zu einem modernen Plenargebäude umgebaut. Der Plenarsaal erhielt eine begehbare Glaskuppel. In 40 Meter Höhe befindet sich dort eine Aussichtsplattform. Im Zentrum der Kuppel ist ein Lichtumlenksystem installiert, das für helles Licht im 10 Meter tiefer gelegenen

[Das Paul-Löbe-Haus – Sitz der meisten Parlamentarier]

Plenarsaal sorgt. Kuppel und Dachrestaurant sind zu einer touristischen Attraktion geworden und täglich bis 24 Uhr geöffnet. Berlinbesucher sollten sich für Führungen und Teilnahmen an Plenarsitzungen allerdings vorher anmelden.

Tipp für Reichstagsbesuch und Teilnahme an Plenarsitzungen
Deutscher Bundestag / Reichstagsgebäude
Platz der Republik 1
11011 Berlin
Anmeldung beim Besucherdienst
Tel. 030 / 22 73 21 52

Dach-Gartenrestaurant des Reichstages
Tel. 030 / 226 29 90
Mo – So 9 – 16.30 Uhr und 18 – 24 Uhr

Spreebogen und »Band des Bundes«

Nach der Vorbeifahrt am Reichstag beginnt die Fahrt durch den Spreebogen. Hier finden wir das Band des Bundes – einen Gebäudegürtel durch das Regierungs- und Parlamentsviertel.

Dieser verläuft auf der Ost-West-Achse, quert die Spree und damit die ehemalige Systemgrenze zwischen Ost und West. Im Paul-Löbe-Haus und im Marie-Elisabeth-Lüders-Haus arbeiten die meisten Parlamentarier. Löbe und Lüders waren bedeutende Vertreter des deutschen Parlamentarismus während der

[Das Bundeskanzleramt]

Weimarer Republik und der frühen Bundesrepublik. Paul Löbe (1875–1967) war Sozialdemokrat und von 1920 bis 1932 Reichstagspräsident, später Alterspräsident des Deutschen Bundestages. Marie Elisabeth Lüders (1878–1966) engagierte sich als Abgeordnete der Deutschen Demokratischen Partei zu Zeiten der Weimarer Republik insbesondere in sozialen Bereichen. Sie setzte sich ein für die Rechte der Frauen und für den Kinder- und Jugendschutz.

Entwürfe für ein »Regierungsviertel« im Spreebogen gab es bereits unter den Nationalsozialisten. Hitlers Generalbauinspektor Albert Speer plante die Umgestaltung Berlins in die Hauptstadt »Germania«. Dazu gehörten im Alsenviertel, dem heutigen Regierungsviertel, der Bau des »Großen Platzes« für eine Million und der Bau der »Großen Halle« für 180.000 Menschen. Beide Projekte sollten bis 1950 abgeschlossen sein. Die Geschichte drückte der Gegend allerdings einen anderen Stempel auf. Abriss und Kriegszerstörung ließen nur ein einziges Haus stehen. Es diente bereits 1920 als Schweizer Botschaft, die heute an gleicher Stelle in neuem Glanz erstrahlt, gebildet aus einem dreiteiligen Ensemble mit Bauten aus dem 19. und 20. Jahrhundert.

Am Ende der Achse der Parlaments- und Regierungsgebäude im Spreebogen steht das Bundeskanzleramt mit dem Kanzlergarten. Das Kanzleramt gliedert sich architektonisch in das Band des Bundes ein. Während die Büros der Mitarbeiter sich über fünf Etagen erstrecken, hat das Kanzleramt auf 36 Meter Höhe acht Etagen, ein äußerlich nicht sichtbarer Unterschied.

Beim Durchfahren des Spreebogens entdeckt man weitere Highlights. Da ist zunächst die elegante Kronprinzenbrücke des spanischen Architekten Santiago Calatrava. Übrigens hatte dieser bei seinem Entwurf zum Reichstagsumbau eine Kuppel vorgesehen während Foster ein Flachdach präferierte. Beide mussten umplanen. Foster nahm die Kuppel in seine Planungen auf und Calatrava erhielt den Zuschlag für den Bau der »flachen« Kronprinzenbrücke. Das futuristische Gebäude neben der Brücke ist die Kindertagesstätte für die Bundestagsmitarbeiter. Es wurde von dem Österreicher Gustav Peichl entworfen.

Charité Auf der gegenüberliegenden Spreebogenseite befindet sich die ehrwürdige Charité, Berlins ältestes Krankenhaus, das heute medizinische Fakultät und Klinikum der Humboldt Universität ist. Es wird mit den Namen Ferdinand Sauerbruch, Robert Koch,

[Der Lehrter Bahnhof wird bis 2006 zur Fußball-WM fertiggestellt]

Rudolf Virchow und Theodor Brugsch verbunden. Das weithin sichtbare Bettenhaus mit 24 Operationssälen wurde 1982 erbaut. In der Charité, Europas größtem Klinikum, werden in 2.500 Betten jährlich ca. 100.000 Patienten stationär und 260.000 ambulant betreut.

Nach der Charité passiert man, dem Lauf der Spree folgend, Humboldthafen und Lehrter Bahnhof. Beides sind Verkehrsbauwerke, die Geschichte schrieben und schreiben. Der Humboldthafen war um die Jahrhundertwende einer der führenden Umschlagplätze für Waren aller Art im Zentrum Berlins und diente während der Baumaßnahmen im Spreebogen in den neunziger Jahren des 20. Jahrhunderts wieder als Umladeplatz für Baustoffe. Zukünftig soll er, nach Fertigstellung des Lehrter Bahnhofs, als Liegeplatz für historische Schiffe, Sportboote, Museumsdampfer und Fahrgastschiffe genutzt werden. Reisende können dann direkt von der Bahn auf das Schiff umsteigen. Neue Stege und Anleger im Hafen sowie die Verbindung zum Bahnhof werden für ein erweitertes Angebot für den Berlin-Tourismus sorgen.

[Die Charité – Berlins ältestes Krankenhaus]

[Der Hamburger Bahnhof beherbergt das Museum für Gegenwart]

Überspannt wird der Humboldthafen von den Bahnsteigen des Lehrter Bahnhofs. Einst Berlins attraktivster Kopfbahnhof, wird er 2006 zur Fußballweltmeisterschaft in Deutschland als modernster und schönster Bahnhof Europas erstrahlen. Der »alte« Lehrter Bahnhof, von 1869–1871 als Endpunkt der Bahnlinie Berlin – Stendal – Gardelegen – Lehrte errichtet, ähnelte äußerlich eher einem Schloss. Die Bahnsteighalle hatte mit 188 Metern Länge und 38 Metern Breite damals schon eine stolze Größe. Während des Zweiten Weltkrieges wurde der Lehrter Bahnhof so stark beschädigt, dass der danach wieder aufgenommene Verkehr im August 1951 eingestellt werden musste. 1958/59 wurde der Bahnhof abgerissen. Rund 30 Jahre später wurde dann entschieden, den Lehrter Bahnhof zum zentralen Kreuzungsbahnhof zu entwickeln. Der neue Berliner Hauptbahnhof soll dann urbaner Mittelpunkt sowie Magnet und Aushängeschild der Hauptstadt sein. Ingenieurtechnische Lösungen setzen Maßstäbe. Dazu gehören ein 20.000 Quadratmeter großes Glasdach mit 8.540 Glasscheiben, welches den Bahnhof mit Solarenergie versorgt. Die Sky Lounge, ein lichtdurchflutetes gläsernes Restaurant in der 170 Meter langen und 50 Meter breiten Bahnhofshalle, bietet einen Blick zum Bundeskanzleramt. 53 Rolltreppen und 14 Aufzüge sorgen für eine unbeschwerte Überwindung des Höhenunterschiedes zwischen den verschiedenen Ebenen. Erstmals wird es eine direkte Umsteigemöglichkeit von der Ost-West-Trasse der Stadtbahn zur getunnelten Nord-Süd-Fernbahnverbindung geben. Der gesamte Verkehr soll dann auf drei Ebenen verteilt werden. Nach der Fertigstellung des Bahnhofs wird mit täglich 240.000 Reisenden gerechnet.

Hamburger Bahnhof
Museum für
Gegenwart – Berlin
Invalidenstraße 50-51
10557 Berlin
Tel. 030 / 39 78 34 12
Di – Fr 10 – 18 Uhr
Sa – So 11 – 18 Uhr

Hinter dem Lehrter Bahnhof befindet sich an der Invalidenstraße der Hamburger Bahnhof, der keine Fahrgäste mehr, sondern nur noch kunstinteressierte Besucher kennt: 1996 wurde der Umbau des Bahnhofs nach Plänen des Architekten Josef Kleihues zu einem Museum und Ausstellungsgebäude abgeschlossen. Er beherbergt das Museum für Gegenwart, das die Sammlung des Kunstliebhabers Erich Marx der Öffentlichkeit präsentiert, darunter Werke von Andy Warhol, Joseph Beys, Roy Lichtenstein und Anselm Kiefer.

Verkehrstunnel unter der Spree Für die Nord-Süd-Verbindung wurden unter der Spree drei Tunnelröhren in offener Bauweise verlegt. Diese Technologie wurde notwendig, da die Tunnelröhren nur einen Meter unter dem Fluss liegen, was ein Unterfahren im Schildvortrieb unmöglich machte. Als Abdeckung und zum Schutz vor Beschädigungen erhielt der Tunnel eine drei Zentimeter starke Stahlplatte. Je eine Röhre ist für die Fernbahn, die U-Bahnlinie U 5 und die Bundesstraße B 96 vorgesehen. Für die Einbringung der Röhren wurde die Spree nordwärts verlegt. Heute fließt sie wieder in ihrem alten Bett. Insgesamt beträgt die Tunnellänge im »Zentralen Bereich« zwischen Lehrter Bahnhof und Reichpietschufer am Landwehrkanal 2.400 Meter. Auf dieser Strecke befand sich ausgangs des 20. Jahrhunderts Europas größte Baustelle. Neben dem Lehrter Bahnhof entstanden der Regionalbahnhof Potsdamer Platz sowie weitere Verkehrsanlagen für den öffentlichen Nah- und den Individualverkehr. Es wurden im gleichen Abschnitt das Regierungsviertel sowie die Neubaugebiete Potsdamer- und Leipziger Platz entwickelt und an das Verkehrswegenetz angeschlossen.

Mit den umweltverträglichen Verkehrslösungen im zentralen Bereich von Berlin wurden Lärm und Luftverschmutzung erheblich

[Die »Wohnschlange« für die Bundesbediensteten]

gemindert und somit das Wohn- und Arbeitsumfeld stark aufgewertet. Auch der Erholungswert des Tiergartens ist weiter gestiegen, womit der Park zusätzlich an Zulauf gewonnen hat.

Abgeschlossen wird der Spreebogen mit der Moltkebrücke, die zu den schönsten in Berlin gehört. Sie wurde 1891 errichtet und trägt den Namen des Leiters der Heeresreform von 1866 Feldmarschall Helmut Graf von Moltke. Am Mittelbogen der Brücke ist sein Bildnis zu erkennen.

Vom Tiergarten nach Moabit Nach Durchfahren der Moltkebrücke ist auf der linken Uferseite nochmals das Bundeskanzleramt zu erkennen. Das sich anschließende schwungvolle Gebäude war ein Geschenk der USA zur Internationalen Bauausstellung 1957 in Berlin. 1980 stürzte das Dach der Veranstaltungshalle ein. Das Gebäude wird im Volksmund »Schwangere Auster« genannt. Genutzt wird es heute als »Haus der Kulturen der Welt«. Kunst aus aller Herren Länder vom Straßentanz bis zum Kabarett wird hier geboten. Vor dem Kulturhaus steht ein Glockenspielturm, das Berliner Carillon, in dem 68 Glocken erklingen. Es ist ein Geschenk des

[Das Haus der Kulturen der Welt, die »Schwangere Auster«]

Daimler-Benz-Konzerns an die deutsche Hauptstadt zur 750-Jahrfeier 1987. Die so genannte Wohnschlange an der gegenüberliegenden Uferseite wurde eigens für Bundesbeamte gebaut. Da diese die eher nüchtern anmutenden Quartiere nicht so recht annahmen, dürfen sich nun auch die »gewöhnlichen« Berliner hier einmieten.

Schloss Bellevue und Bolle-Viertel Nach Durchfahrt unter der Lutherbrücke erscheint Schloss Bellevue, erbaut 1785 als Sommersitz des Prinzen August Ferdinand, des jüngsten Bruders Friedrichs des Großen. Seit 1994 dient es als Amtssitz des deutschen Bundespräsidenten. Erweitert wurde das Schloss 1998 um das Bundespräsidialamt, welches hinter dem Schloss in Richtung Großer Stern gelegen ist.

Das Bolle-Viertel beginnt hinter der Moabiter Brücke auf der rechten Uferseite. Herausragender Bau dieses Viertels ist das U-förmige 49 Meter hohe Bürohaus, in dem das Bundesinnenministerium für die nächsten 30 Jahre seinen Sitz hat. Es ist das einzige Bundesministerium, das in angemieteten Räumen residiert. Das Gebäude gehört dem Berliner Ernst Freiberger. Dieser hat seine Büros und Wohnung im Backsteinbau direkt am Spreeufer.

Direkt neben dem Ministerium wird die Geschichte des Viertels sichtbar. Bolle war Inhaber einer Meierei. 1886 wurde von hier aus ganz Berlin mit Frischmilch und Milchprodukten beliefert. Die Frischmilch kam aus der näheren und weiteren Umgebung mit der Bahn nach Berlin. Die Firmenfuhrwerke brachten die Zinkkannen von den Bahnhöfen zur Meierei, wo die Milch weiterverarbeitet wurde. In den frühen Morgenstunden machten sich die Bollekutscher mit ihren Milchjungen auf den Weg, um auf festen Routen die Milch- und Meiereierzeugnisse direkt an die Verbraucher zu verkaufen. Angekündigt wurden die Milchwagen durch Glockenschläge, was dem Unternehmen den Beinamen »Bimmel-Bolle« einbrachte. Heute ist noch eine Gebäudezeile der Meierei von der Spree bis zur Straße Alt-Moabit erhalten. Sie ist an dem roten Backstein zu erkennen und beginnt gleich hinter dem Hotel am Ufer

[Büropark Focus Teleport und Bolle-Viertel]

der Spree. In den sanierten Gebäuden befinden sich Restaurants und Geschäfte.

Die rot-blauen Gebäude vor der Lessingbrücke gehören zum Focus Teleport. Dies ist ein Büropark mit 50.000 Quadratmeter Gesamtfläche. In ihm sind vor allem Firmen aus der IT-Branche sowie aus der Forschung angesiedelt. Der Turm am Ufer ist Teil der ehemaligen Kampffmeyerschen Mühle. Er steht unter Denkmalschutz und kündet von dem einstmals gut florierenden Mühlengeschäft.

Hansa-Viertel Auf der gegenüberliegenden Uferseite des Bolleviertels erstreckt sich das Hansa-Viertel. Es entstand als Wohnsiedlung während der Gründerzeit, wurde im Krieg stark zerstört und zur Internationalen Bauausstellung 1957 neu aufgebaut. Der Name des Viertels erinnert daran, dass Berlin im Mittelalter über 90 Jahre lang dem Städtebund der Hanse angehörte. Die Kaufleute der Hansestädte halfen sich beim Ausbau der Handelsbeziehungen ins Ausland sowie im Kampf gegen Seeräuber und übermächtige Fürsten gegenseitig.

Schlösser an der Havel

Von Berlin nach Potsdam

Architektur im Spreedoppelbogen Durch Alt-Moabit windet sich die Spree in zwei großen Bögen. Nach Durchfahren der Hansabrücke ist am linken Ufer die Königliche Porzellanmanufaktur (KPM) zu sehen. Die Glasfassade der Manufaktur ist hinter einem Baumbestand zu erkennen. Die Manufaktur wurde 1751 von Caspar Wilhelm Wegely gegründet und zehn Jahre später von Ernst Gotzkowsky übernommen. Dieser verkaufte sie an Friedrich II. weiter, was ihr die Namensergänzung »königlich« einbrachte. Ein Teil der Fläche wird heute umgewidmet und soll für Büro- und Wohnzwecke genutzt werden. An die Manufaktur schließt sich das Areal von Daimler-Benz, Siemens und der DEKRA, der technischen Prüfstelle für Kraftfahrzeuge, an.

Die nächste Brücke im Spreebogen ist die Gotzkowskybrücke. Unmittelbar hinter der Brücke steht auf der rechten Uferseite das Bürohaus der Firma Klamt. Es hat eine dreiflügelige dunkelgetönte Glasfassade, die sich durch die spezielle Anordnung der Gebäudeteile in sich selbst spiegelt. Auf der gegenüberliegenden Uferseite liegt im Spreebogen das Doppelinstitut IWF/IPK, des Instituts Werkzeugmaschinen und Fabrikbetrieb der Technischen Universität Berlin und des Instituts für Produktionsanlagen und Konstruktionstechnik der Fraunhofer Gesellschaft. Es wurde 1986 seiner Bestimmung übergeben und die Architekten Fesel, Bayerer, Hecker u.a. erhielten ein Jahr später für die Gestaltung den europäischen Stahlbaupreis und den Deutschen Architekturpreis.

Spreekreuz Am Ende der beiden Spreebögen fährt man in das so genannte Spreekreuz ein. Hier zweigen der Landwehrkanal und der Charlottenburger Verbindungskanal von der Spree ab. Letzterer führt zum Westhafenkanal und zu Berlins größtem Hafen, dem

[Mündung der Spree (Vordergrund) in die Havel bei Spandau]

Museum
Schloss Charlottenburg
Luisenplatz
10585 Berlin
Tel. 030 / 32 09 11
🕓 Di – Fr 10 – 18 Uhr
Sa u. So 10 – 17 Uhr

Westhafen. Der Landwehrkanal verläuft fasst parallel zur Spree und mündet nach 12 Kilometern am Osthafen in die Spree.

Doch wir bewegen uns weiter flussabwärts. Auf der Fahrt Richtung Spreemündung folgt nach dem Wasserstraßenkreuz am rechten Ufer das Kraftwerk Charlottenburg. Es hat ausgedient und wurde 2001 stillgelegt. Zukünftig soll es zu einem Industriemuseum umgestaltet werden.

Bald taucht am linken Ufer das Schloss Charlottenburg auf. 1695 begannen die Bauarbeiten am Schloss. Sieben Hohenzollerngenerationen prägten die Bau- und Nutzungsgeschichte. Heute ist das Schloss Berlins größte noch erhaltene Hohenzollernresidenz und dient als Museum. Hervorzuheben sind insbesondere die Eichengalerie, das Porzellankabinett, die Rote Kammer und das Audienzgemach der Königin Sophie Charlotte. Darüber hinaus beherbergen das Schloss und nahe gelegene Gebäude das Ägyptische Museum, und die Papyrussammlung, die Gipsformerei, das Museum für Vor- und Frühgeschichte sowie die Sammlung Berggruen (Picasso und seine Zeit).

[Das Schloss Charlottenburg]

Industriegiganten Vor der Schleuse Charlottenburg knickt die Spree rechtwinklig nach Westen ab. Die erste Schleuse in Charlottenburg wurde 1883–1885 gebaut. Jetzt wird sie im Rahmen des Projektes 17 der Verkehrsprojekte Deutsche Einheit den zukünftigen Anforderungen angepasst, d. h. für Schiffe mit bis zu 2.000 Tonnen Tragfähigkeit ausgelegt. Dazu erhält die neue Schleusenkammer eine Länge von 115 und eine Breite von 12,4 Metern. Die westliche Zufahrt wird zur Verbesserung der Navigationsbedingungen begradigt, wozu der vorhandene Spreebogen einen Durchstich erhielt. Ab 2003 hat die Fracht- und Passagierschifffahrt wieder freie Fahrt.

Auf der Weiterfahrt erstrecken sich backbord, also links, eine Reihe von Gartenkolonien, ehe auf beiden Uferseiten das Industriegebiet Ruhleben/Spandau durchfahren wird. Am rechten Ufer ist das imposante Kraftwerk Reuter zu erkennen, es ist mit 600 Megawatt das leistungsstärkste in Berlin. Beide Kesselanlagen werden ausschließlich mit Steinkohle befeuert. Der Tagesverbrauch liegt bei ca. 3.500 Tonnen. Durch die gleichzeitige Erzeu-

[Die »Havel Queen« – ein nachgebauter Mississippi-Dampfer]

[Die »Moby Dick« auf dem Tegeler See]

gung von Strom und Wärme wird bei der Brennstoffenergie ein Ausnutzungsgrad von 80 Prozent erreicht. Die Versorgung mit Steinkohle erfolgt vorwiegend mit Binnenschiffen. Die Entladung übernehmen leistungsfähige Schiffsentlader und Bandanlagen.

Unmittelbar gegenüber dem Kraftwerk befindet sich Berlins einzige Müllverbrennungsanlage. Dort können jährlich bis zu 500.000 Tonnen Hausmüll verbrannt werden. Neben der Verbrennungsanlage liegt das Klärwerk Ruhleben. Es schließt sich die Halbinsel Sophienwerder an, auf der sich mehrere Baustoffunternehmen angesiedelt haben. An der Spitze der Halbinsel zweigt von der Spree der Ruhlebener Altarm ab. In ihm liegt die letzte Berliner Werft für Binnenschiffe, die »Deutsche Industrie Werke«. Die Werft hat eine 70 x 90 Meter große Schiffbauhalle und eine 85 Meter lange Querslipanlage, auf der die Schiffe zu Wasser gelassen werden. Die Werft führt sowohl Reparaturen als auch Neubauten durch. Zum Schiffbauprogramm gehören Motorgüterschiffe, Fahrgastschiffe und Schlepper. Eines der schönsten auf der Werft gebauten Fahrgastschiffe ist die »Havel Queen«. Dieser exklusive und stilvolle Nachbau eines Mississippi-Raddampfers fährt auf den

[Die Zitadelle in Spandau]

Berliner Gewässern und wird allerdings von einem Dieselmotor angetrieben. Das Schiff bietet in drei Salons 340 Innen- und auf dem Sonnendeck 400 Außenplätze.

Spreemündung Bei Spandau mündet die Spree in die Havel, unauffällig, kaum Strömung – eben typisch für einen Flachlandfluss. Unmittelbar an der Spreemündung liegt die Zitadelle Spandau. Sie wurde zwischen 1560 und 1594 erbaut und ist ein bedeutendes Baudenkmal der Renaissance. Ehemals als Wehranlage errichtet, dienen die Bauten heute kulturellen Veranstaltungen. Hier kann man das Museum der Militärgeschichte Preußens besichtigen oder Werkstätten und Ateliers besuchen.

Der Kolk ist das älteste Siedlungsgebiet in Spandau. Dort findet man Reste der alten Stadtmauer aus dem 14. Jahrhundert, romantische Gassen, schiefe Fachwerkhäuser und das einzig erhaltene mittelalterliche Bürgerhaus Berlins, das Gotische Haus. Spandaus Altstadt hat Flair. Hier macht ein Einkaufsbummel zu jeder Jahreszeit Spaß. Besonders beliebt ist der Spandauer Weihnachtsmarkt.

Mittelalterliche Mahlzeit
Zitadellen Schänke
Am Juliusturm
13599 Berlin
Tel. 030 / 334 21 06
🕓 Di – Fr 18 – 24 Uhr
Sa u. So 11 – 24 Uhr

Historische deutsche Gerichte
Restaurant Kolk
Hoher Steinweg 7
13597 Berlin
Tel. 030 / 333 88 79
🕓 Di – So 12 – 24 Uhr

In Spandau sind zwei Restaurationen besonders zu empfehlen. Die eine befindet sich auf der Insel, auf der im 16. Jahrhundert die Zitadelle errichtet wurde, und die andere an der historischen Stadtmauer im Gebäude einer Feuerwache aus dem 19. Jahrhundert. Essen in der Zitadellen Schänke bedeutet kulinarische Reise ins Mittelalter. Erlebnishungrige Touristen werden hier mit den Eßgewohnheiten der Ritter vertraut gemacht. Gabel und Löffel liegen nicht auf dem Tisch. Gegessen wird aus Tiegeln und Pfannen mit Messern und Händen. Der Begrüßungstrunk wird im Bullerhorn gereicht.

Dort wo in Spandau einst die Stadtmauer verlief, am historischen Kolk, steht das gleichnamige Restaurant. Es präsentiert sich elegant-rustikal in einem alten Fachwerkbau. Zweimal wöchentlich werden dort historische deutsche Gerichte offeriert.

[Durch die Sechserbrücke geht es zum Hafen Tegel]

Schleuse Spandau Die Spreemündung teilt die Havel in Ober- und Unterhavel. Letztere fließt bergab Richtung Westen zur Elbe. Die Oberhavel verläuft Richtung Norden zu den Rheinsberger Gewässern und der Mecklenburger Seenplatte. Auf der Fahrt Richtung Norden passiert man zuerst die neue Schleuse Spandau.

Sie wurde 2002 in Betrieb genommen, nachdem die alte, 1911 gebaute Schleuse nach 80-jährigem Betrieb 1993 wegen möglichem technischen Versagen gesperrt werden musste. Die neue Schleuse hat eine nutzbare Kammerlänge von 115 Meter, eine Breite von 12,5 Meter und eine Wassertiefe von 4 Meter. Die Hubhöhe je Schleusung beträgt 2,4 Meter. Eine Schleusenfüllung benötigt insgesamt 4.500 Kubikmeter Wasser. Um den regen Bootsverkehr zügig abwickeln zu können, hat die Schleuse eine 255 Meter lange Bootsschleppe. Hier werden kleine Sportboote neben der Schleusenkammer auf einen Wagen gesetzt und von Hand zum Ober- bzw. Unterwasser gezogen. Die Fahrgastschifffahrt kann jetzt, nach der Öffnung der Schleuse Spandau, wieder Fahrten auf der Havel vom Wannsee bis nach Tegel zur Greenwichpromenade anbieten.

[In der Zitadellen Schänke]

[Strandbad Tegel]

Tegeler See Von der Schleuse Spandau kommend, fährt man an der Einmündung des Berlin-Spandauer-Schiffahrtskanals vorbei und erreicht den 375 Hektar großen Tegeler See. Am Tegeler Fließ, einem Zufluss zum Tegeler See, befinden sich die Greenwichpromenade, das Schloss Tegel und der Hafen Tegel. Tegel ist ein Stadtteil von Reinickendorf. Dessen Partnerstadtteil in London heißt Greenwich, wonach die Promenade ihren Namen erhielt. Zahlreiche kleinere Fahrgastreedereien haben hier ihre Anlegestelle. Die dörfliche Idylle Tegels erlebt man besonders eindrücklich, wenn man vom U-Bahnhof über die Fußgängerzone »Alt Tegel« zu den Anlegestegen spaziert. Die alten Vorstadthäuser geben dem Viertel ein ganz eigenes Gepräge.

Die industrielle Entwicklung Tegels begann 1896 mit der Verlegung der Fabrik des Unternehmers Borsig an den Tegeler See. Einst wurden in den Fabriken Lokomotiven gebaut. Heute befindet sich auf dem Industrieareal ein Einkaufs- und Bürocenter. Die Villa Borsig liegt auf der Halbinsel Reiherwerder, wo heute die deutsche Stiftung für internationale Entwicklung ihren Sitz hat.

Sehenswert auf der Havel-Nord-Route ist auch das Schloss Tegel. Ursprünglich ein Landhaus Joachim II. aus dem 16. Jahrhundert, wurde es Ende des 17. Jahrhunderts zum Jagdschloss des Großen Kurfürsten umgebaut. 1765 erwarb es die Familie von Humboldt. Wilhelm und Alexander von Humboldt sind in diesem Schloss geboren worden. Das Schloss wurde dann in der Zeit von 1821–1824 durch Karl Friedrich von Schinkel im klassizistischen Stil erweitert. Die Humboldtbibliothek am Tegeler Hafen gehört gleichfalls zu den Sehenswürdigkeiten. Der Tegeler Hafen wurde 1970 als Rationalisierungsmaßnahme und zur städtebaulichen Neuorientierung geschlossen. Heute hat sich rund um den ehemaligen Hafen Tegel ein interessantes Wohngebiet entwickelt. Auf dem Weg von den Anlegern zum Schloss überquert man die Sechserbrücke. Sie überspannt die Einfahrt zum Tegeler Hafen und hat ihren Namen vom Brückenzoll, den man einst für eine Passage erhob. Ein »Sechser« waren übrigens früher fünf Pfennige.

Insellandschaft Auf der Fahrt von Tegel Richtung Süden zum Wannsee werden eine Reihe kleinerer und größerer Inseln passiert. Die kleinste Insel ist Lindwerder, die größte folgt mit Scharf-

fenberg. Dort befindet sich ein Internat, in dem die mitspracheberechtigten Schüler auch praktische Fähigkeiten erlernen. 1931 gründete der Reinickendorfer Schüler Hans Coppi auf der Insel eine Zelle des kommunistischen Jugendverbandes. Er und seine Frau Hilde gehörten später zur Schulze-Boysen-Harnack-Widerstandsgruppe, die gegen den Krieg kämpfte. Hans und Hilde Coppi wurden nach Aufdeckung der Widerstandsgruppe 1942 hingerichtet.

Ehe sich die Havel Richtung Norden wendet, werden die Inseln Baumwerder, Valentinswerder und Marienwerder passiert. Am Nordufer erkennt man Tegelort. Hier befanden sich einst zahlreiche Tanzlokale wie Seeschlösschen, Seeblick, Seegarten oder Bellevue, die von den Berlinern gerne aufgesucht wurden. Auf der Fahrt von Tegelort havelabwärts erkennt man am linken Ufer die Wasserstadt Spandau, in der mit dem Credo »Wohnen am Wasser« eine ganz neue Wohnqualität geschaffen wurde. Auf der Weiterfahrt zur Schleuse Spandau wird die Insel Eiswerder passiert. Sie ist eine reine Industrieinsel und unter anderem Berliner Standort der großen deutschen Speditionsfirma Rhenus.

Hinter der Altstadt Spandau befindet sich linker Hand der zur BEHALA gehörende Südhafen, in dem heute vorwiegend Mine-

[Uferlandschaft in Moorlake]

ralöle und Papier umgeschlagen werden. Anschließend passieren wir den Grunewald, Berlins größtes Waldgebiet, mit dem weithin sichtbaren 56 Meter hohen Grunewaldturm sowie die Inseln Lindwerder und Schwanenwerder.

Die 22.000 m^2 große Insel Lindwerder ist ein Kleinod. Auf ihr stehen lediglich zwei Häuser. Hier kann man noch die Ruhe genießen und Spezialitäten aus der deutschen Küche verkosten.

Die Insel Schwanenwerder war einst eine Prominenteninsel. Während des Krieges wohnte auf ihr Josef Goebbels mit seiner Familie. Nach dem Krieg hatte hier der Zeitungsmogul Axel Cesar Springer seinen Wohnsitz.

Bei der Weiterfahrt auf der Havel passieren wir als nächstes die Pfaueninsel. Sie kann von Ausflugsschiffen nicht direkt angelaufen werden. Diese müssen am gegenüberliegenden Havelufer festma-

Restaurant
Insel Lindwerder
Havelchaussee
14193 Berlin
Tel. 030 / 803 65 84
🕓 Di – So ab 10 Uhr

[Der ehemalige Hafen Tegel – heute Wohnquartier]

[Blick über den Großen Wannsee Richtung Strandbad]

chen, von wo aus Besucher mit der Fähre übersetzen können. Der Fährpreis ist gleichzeitig der Eintrittspreis für die Insel. Die Pfauen brachte die Königin Luise, die Frau von Friedrich Wilhelm III., auf die Insel. Das Schloss auf der Insel ist eines der Wahrzeichen Berlins. Friedrich Wilhelm II. ließ es 1794–1797 bauen. Neben den Pfauen waren bald auch Schweine, Kühe, Büffel, Hirsche und später sogar Tiere aus fernen Welten wie Kängurus, Affen, Schlangen und Alligatoren hier untergebracht. Diese Tiere bildeten den Grundstock für die Gründung des Berliner Zoos im Jahre 1841. Zu dieser Zeit wurde die Tierhaltung auf der Insel aufgegeben.

Wannseerundfahrt Nach der Vorbeifahrt an der Insel Schwanenwerder hat man einen wunderschönen Blick in den großen Wannsee. Von hier aus kann man eine Rundfahrt über sieben Seen starten. Eine solche Tour beginnt an der Anlegestelle Wannsee, in deren Nähe gleichzeitig die S- und die Fernbahn einen Haltepunkt haben. Durch den Bahnanschluss erhielt der Ortsteil Wannsee ein neues Zentrum. Früher lag es in Stolpe am Stölpchensee.

[Die Glienicker Brücke]

Am Westufer des Wannsees in der Hausnummer 42 wohnte der Maler Max Liebermann. Er war zeitweise Präsident der Berliner Akademie der Künste. Ebenfalls auf der Westseite ist das Haus der Wannsee-Konferenz gelegen, das heute Gedenk- und Bildungsstätte ist. Hier fanden am 20. Januar 1942 Verhandlungen der Ministerialbürokratie und der SS zur so genannten Endlösung der Judenfrage statt.

Auf der Ostseite des großen Wannsees befindet sich das Strandbad Wannsee. Nach dem Durchfahren der Brücke, über die die Fernverkehrsstraße B1 verläuft, erreichen wir den kleinen Wannsee. Hier haben viele Ruderclubs ihr zu Hause und Wassersportler finden ideale Trainingsbedingungen vor.

Der nächste See in der Kette rund um die Wannseeinsel ist der Pohlesee. Östlich dieses Sees befindet sich der Düppeler Forst. Es folgt der Stölpchensee. Stolpe/Wannsee ist heute ein Standort der weißen Industrie: Zahlreiche medizinische und wissenschaftliche Einrichtungen unter anderem das Hahn-Meitner-Institut für Kernforschung haben hier ihren Sitz. Auch Berlins einziger Atommeiler ist in Stolpe zu finden.

Auf der Weiterfahrt erreichen wir die Stadtgrenze zu Potsdam und die Einmündung des Teltowkanals. Dort befindet sich Kohlhasenbrück. Schon vor dem Bau des Teltowkanals überspannte an dieser Stelle eine Brücke das Flüsschen Bäke. Hans Kohlhase soll an dieser Stelle einen Silberschatz in das Wasser geworfen haben, den er dem Adel geraubt hatte. Dafür wurde Kohlhase später auf dem heutigen Strausberger Platz hingerichtet. Unmittelbar hinter Kohlhasenbrück beginnt am linken Ufer der Potsdamer Ortsteil Griebnitzsee.

Neu-Babelsberg Auf der Fahrt durch den Griebnitzsee erkennt man linker Hand Neu-Babelsberg. Die erste Villa im einstigen Nobelviertel entstand 1874. Nach der Etablierung der Filmstadt Babelsberg und der Geschäftsübernahme durch die Ufa wurde Neu-Babelsberg ein Domizil der Schönen und Reichen. Berühmte Stars wie Heinz Rühmann, Anni Ondra, Brigitte Horney, Lilian Harvey und Marika Rökk hatten hier ihren Wohnsitz. Nach dem Zweiten Weltkrieg wohnten während der Verhandlungen zum Potsdamer Abkommen Stalin, Truman und Churchill in Neu-Babelsberg. US-Präsident Truman gab aus der ehemaligen Villa des Verlegers

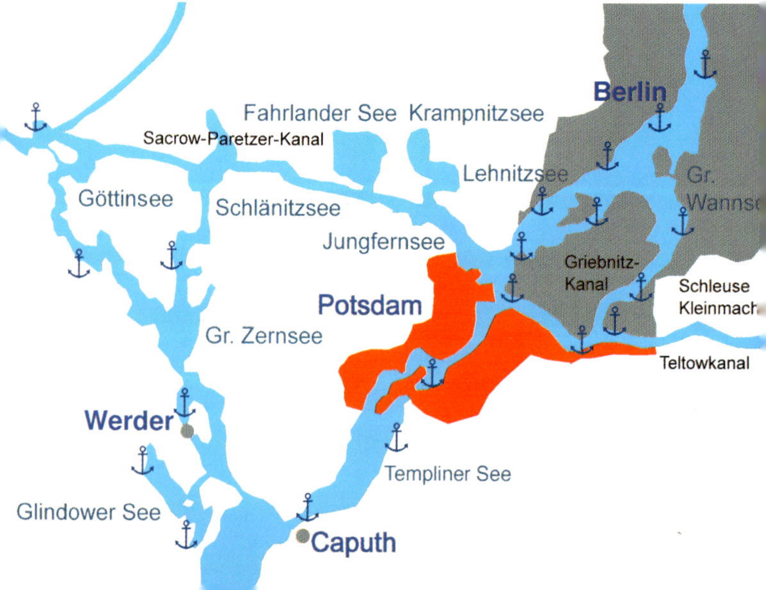

[Blick zum Schloss Babelsberg]

Müller-Grothe den Befehl zum Abwurf der Atombombe über Japan. Während der DDR-Zeit hatten in Neu-Babelsberg Behörden, u.a. die Staatssicherheit sowie die Staatliche Hochschule für Film und Fernsehen »Konrad Wolf«, ihren Sitz.

Auf der Weiterfahrt folgt der von Lenné und Fürst Pückler gestaltete Schlosspark Babelsberg. Auf der gegenüberliegenden Seite von Babelsberg befindet sich das Jagdschloss Glienicke, das im 17. Jahrhundert entstand.

Bevor es weiter zum Jungfernsee geht und damit der siebente See der Rundreise durchfahren wird, muss die Glienicker Brücke unterquert werden. Sie bildet die Grenze zwischen Berlin und dem Land Brandenburg. Einst wechselten auf ihr während der Zeit des Kalten Krieges Agenten die Seiten. Der spektakulärste Austausch fand am 10. Februar 1962 statt. Damals wurde der amerikanische Pilot Gary Powers, der mit seinem Spionageflugzeug über der Sowjetunion abgeschossen worden war, gegen den sowjetischen Geheimdienstoberst Rudolf Abel, der in New York als Fotograf gelebt hatte, ausgetauscht. Heute kann die Brücke von jedermann

[Silhouette von Potsdam]

überquert werden. In Fahrtrichtung am linken Ufer liegt die Landeshauptstadt von Brandenburg Potsdam.

Potsdam Sie wird oft als die »preußischste Stadt« Deutschlands bezeichnet. Die Havel mit ihrer Seenkette aber auch Architektur und Geschichte machen einen Besuch in Potsdam in jedem Fall lohnenswert.

Eine Fahrt von der Glienicker Brücke havelabwärts führt uns über die Glienicker Lake in den Tiefen See. Linker Hand wird als erstes am Ufer das Kleine Schloss sichtbar. Es wurde ursprünglich als Gartenhaus konzipiert und diente nach seinem Umbau 1842 dem Kronprinzen Friedrich Wilhelm als Wohnort. Oberhalb des kleinen Schlosses thront Schloss Babelsberg. Es trägt mit seinen Zinnen und Türmen englische Züge. Dem Architekten Schinkel diente Schloss Windsor als Vorbild. Nach Fertigstellung des Schlosses zogen die Hofdamen in das Kleine Schloss, was ihm den Beinamen »Damenschloss« einbrachte. Den Schlössern folgen auf der gleichen Uferseite das Matrosenhaus und der Flatowturm. Das Matro-

[Nauener Tor mit Café Heider in Potsdam]

senhaus wurde im Jahre 1842 errichtet und diente den Mannschaften der zu Schloss Babelsberg gehörenden Schiffe als Unterkunft. Oberhalb des Matrosenhauses steht der 46 Meter hohe Flatowturm. Er hat seinen Namen von der westpreußischen Domäne Flatow, die Wilhelm unterstand. Für den Bau des Flatowturmes diente das Eschenheimer Tor in Frankfurt/Main als Vorbild.

Nach Durchfahren der Humboldtbrücke ist rechter Hand die Seniorenresidenz Heilig Geist Park zu erkennen. Ursprünglich stand an diesem Ort die Heilig Geist Kirche. Sie wurde im Zweiten Weltkrieg stark beschädigt und 1974 endgültig abgetragen. Erbaut wurde die Kirche 1725–1728 durch den »Soldatenkönig« Friedrich Wilhelm I. An dieser Stelle gabelt sich das Fahrwasser und vor uns liegt die sechs Hektar große Freundschaftsinsel.

Am rechten Ufer auf der Potsdamer Seite sind zwei imposante Gebäude zu erkennen: das alte Rathaus und die Nikolaikirche. Das Verwaltungsgebäude ist der vierte Rathausbau der Stadtgeschichte Potsdams. Er wurde 1755 nach Plänen von Johann Boumann dem Älteren fertiggestellt. Den Turm ziert ein vergoldeter Atlas, der die Weltkugel trägt. Die danebenstehende Nikolaikirche, deren

Bau von 1830 bis 1850 dauerte, ist ein Werk Friedrich Schinkels. Die an gleicher Stelle stehende barocke Kirche war Jahre zuvor abgebrannt.

Auf der Weiterfahrt verbindet die Lange Brücke die Potsdamer Innenstadt mit der Teltower Vorstadt. Der erste Havelübergang an dieser Stelle datiert aus dem 14. Jahrhundert. Nachdem die Deutsche Wehrmacht in den letzten Kriegstagen die Brücke selbst gesprengt hatte, dauerte es über 30 Jahre bis 1978 ein Brückenneubau eingeweiht werden konnte. Unmittelbar hinter der Brücke befinden sich der Lustgarten und die Anleger für die Potsdamer Fahrgastschifffahrt.

Die Schiffe der Weißen Flotte in Potsdam werden auch »Havelschwäne« genannt. Wohl deshalb, weil sie so majestätisch wie die stolzen Wasservögel wirken. Theodor Fontane hat diesen Schwänen auf seinen Wanderungen durch die Mark Brandenburg ein Gedicht gewidmet:

Die Havelschwäne

Da geht's an ein Picken,
An ein Schlürfen, an ein Hacken;
Sie stürzen einander über die Nacken,
Schieben sich, drängen sich, reißen sich,
Jagen sich, ängsten sich, beißen sich,
Und das all um ein Stück Brot.

Potsdamer Schlösser Doch wenden wir uns vom Anleger der Weißen Flotte aus zurück havelaufwärts. Gleich hinter der Glienicker Brücke befinden sich etwas erhöht das Schloss Glienicke und unmittelbar am Ufer das Casino Glienicke. Beide wurden von Schinkel entworfen. Der sich hinter den Bauten erstreckende 116 Hektar große Volkspark Klein Glienicke ist eine Schöpfung von Lenné.

Fährt man auf den Jungfernsee hinaus erkennt man linker Hand auf der Potsdamer Seite das Schloss Cecilienhof. Weltbekannt wurde das Schloss durch die Potsdamer Konferenz der Siegermächte des Zweiten Weltkrieges vom 17. Juli bis 2. August 1945,

[Schloss Cecilienhof in Potsdam]

an deren Ende die Unterzeichnung des Potsdamer Abkommens stand. Die Sitzungszimmer und Konferenzräume gehören heute zur Gedenkstätte.

Im Schlosshotel Cecilienhof findet man ein gepflegtes Ambiente, das zur Erholung der Seele, Durchführung von Tagungen und zur Auseinandersetzung mit der Geschichte einlädt.

Erbaut wurde das Schloss Cecilienhof in den Kriegsjahren 1913–1917 im Neuen Garten als Wohnsitz im englischen Landhausstil mit Backstein, dekorativen Schornsteinen und viel Fachwerk. Das Schloss diente als Wohnsitz des Kronprinzenpaares Herzogin Cecilie von Mecklenburg-Schwerin und Wilhelm von Preußen.

Mit der Gestaltung des Neuen Gartens wurde 1787 Johann August Eyserbeck, Sohn des Schöpfers des Wörlitzer Parks bei Dessau, beauftragt. Der 74 Hektar große Landschaftspark ist das Pendant

Gedenkstätte
Schloss Cecilienhof
Neuer Garten
14469 Potsdam
Tel. 0331 / 969 42 44
Di – So
1. April – 31. Oktober
9 – 17 Uhr
1. November – 31. März
9 – 16 Uhr

Schlosshotel Cecilienhof
Neuer Garten
14469 Potsdam
Tel. 0331 / 370 50
Durchgehend geöffnet.

zum Alten Garten in Sanssouci und wurde später von Lenné umgestaltet. Er erstreckt sich zwischen Havel, Jungfernsee und Heiligem See. Am Ufer des Jungfernsees ist das Dampfmaschinenhaus zu erkennen. Über die Pumpenanlage im Inneren des Hauses erfolgte die Wasserversorgung des Parks. Ursprünglich wurde das Maschinenhaus als Meierei mit angeschlossenem Kuhstall genutzt.

Im Zentrum Potsdams liegen Park und Schloss Sanssouci. Der Park wurde als Zier- und Nutzgarten angelegt und ist zu jeder Jahreszeit einen Spaziergang wert. Das majestätische Schloss Sanssouci wurde von 1745–1747, in der damaligen Rekordzeit von nur zwei Jahren, für Friedrich den Großen nach Plänen von Knobelsdorff gebaut. Später folgten die Orangerie als Gästeschloss, die Bildergalerie als Ausstellungsgebäude für flämische, italienische und französische Meister sowie das Neue Palais als Wohnschloss der Hohenzollern.

Die wunderschöne Havellandschaft mit ihren Seen und Flussschleifen veranlasste Preußens Könige daraus ein einzigartiges Ensemble aus Gärten, Parks und Schlössern zu formen.

Auf der Fahrt von Potsdam zurück nach Berlin auf der Havel ist als erstes im Norden die Sacrower Heilandskirche zu erkennen. In ihr finden heute an den Wochenenden Sportschiffergottesdienste statt. Früher kam hierher der König mit seinem Hofstaat zur Andacht. Auf der Weiterfahrt havelaufwärts ist wieder die Pfaueninsel zu erkennen und am rechten Ufer das Blockhaus Nikolskoe sowie die Kirche St. Peter und Paul. Das Blockhaus ist ein Geschenk des Königs Friedrich Wilhelm III. an den russischen Zaren Nikolaus I. Dieser hatte die Tochter des Königs, Charlotte, geheiratet und lebte hier während seiner Brandenburgaufenthalte. Heute ist Nikolskoe eine Restauration mit einem wunderschönen Blick auf die Havel. Die rechteckige Saalkirche im Rundbogenstil, St. Peter und Paul, ließ der König auf Wunsch seiner Tochter bauen. Zu jeder vollen Stunde ist hier das Glockenspiel der Potsdamer Garnisonkirche zu hören.

Blockhaus Nikolskoe
Nikolskoer Weg 15
14109 Berlin
Tel. 030 / 805 29 14
🕓 Fr – Mi: Okt. – März
10 bis 19 Uhr
April – Sept.
10 bis 22 Uhr

Auf den wunderschönen idyllischen Havelseen werden ausgehend vom Anleger Wannsee verschiedene Fahrten mit den Schiffen der Weißen Flotte angeboten.

Havelseen-Rundfahrt Fast drei erholsame Stunden bietet die Havelseen-Rundfahrt von Spandau nach Potsdam. Sie führt durch die Altstadt von Spandau mit der St. Nicolaikirche, entlang der Villa Lemm, über den Großen Wannsee, mit Halt an der Pfaueninsel, vorbei am Blockhaus Nikolskoe mit der Kirche Peter und Paul, entlang der Sacrower Heilandskirche, der Glienicker Brücke und dem Glienicker Schloss zum Schloss Cecilienhof und dem Schloss Babelsberg.

7-Seen-Rundfahrt In zwei Stunden führt diese oben bereits ausführlicher beschriebene Tour über sieben Havelseen: den kleinen Wannsee, den Stölpchensee, den Pohlesee, den Griebnitzsee, die Glienicker Lake, den Jungfernsee und über die Havel zurück nach Wannsee.

Ausflugsfahrt von Wannsee nach Werder Die große Ausflugsfahrt von Wannsee nach Werder führt über Kladow, die Pfaueninsel, Potsdam, Kiewitt, den Templiner See, Caputher Gmünd, Schwielowsee, Baumgartenbrück bis zur Inselstadt Werder. Hier besteht die Möglichkeit zu einem einstündigen Landgang, bevor die Rückfahrt über die gleiche Strecke beginnt. Besonders zu empfehlen ist diese Fahrt im Frühjahr zur Baumblüte.

Schlösser-Rundfahrt Die Schlösser-Rundfahrt bietet einen Ausflug in die Zeit der Hohenzollerndynastie. Sie führt entlang dem Park Babelsberg mit dem Schloss Babelsberg, dem Flatowturm, der Gerichtslaube und dem Kleinen Schloss, dem Volkspark Glienicke mit dem Casino und dem Ensemble Nikolskoe sowie der Kirche Peter und Paul, dem Schloss auf der Pfaueninsel, der Heilandskirche in Sacrow, dem Neuen Garten mit Schloss Cecilienhof und dem Marmorpalais.

Auf dem Landwehrkanal

Von Charlottenburg nach Kreuzberg

Zu den schönsten Touren, die man als Wassertourist in Berlin machen kann, gehört eine Brückenfahrt durch die Innenstadt. Dabei geht es auf der Spree durch den historischen Stadtkern und das Regierungsviertel sowie über den Landwehrkanal. Insgesamt werden 65 Brücken passiert. Die Fahrt auf dem Landwehrkanal beginnt am Unterlauf der Spree, am Wasserstraßenkreuz, an dem der Charlottenburger Verbindungskanal Richtung Westhafen abzweigt und der Landwehrkanal seinen Lauf Richtung Oberbaumbrücke und Osthafen nimmt.

In der Nähe dieses Spreekreuzes liegen eine Reihe von Büro- und Dienstleistungsgebäuden. Sie entstanden bis 1997 und werden als »Spreeresidenz Charlottenburg« bezeichnet. Besonders augenfällig sind die beiden an der Flusskrümmung spiegelsymmetrisch zueinander stehenden sechsgeschossigen Bürogebäude von Jürgen Sawade. Charakteristisch ist hier die sehr schlichte Architektur ohne erkennbaren Sockel und Dachabschluss.

Der Landwehrkanal wurde nach siebenjähriger Bauzeit 1850 eröffnet. Der rund zwölf Kilometer lange Kanal folgt zu über der Hälfte seiner Länge dem Vorfluter der Spree, dem Landwehrgraben. Vorfluter sind natürliche oder künstliche Gewässer, in die Abwasser oder Drainagewasser eingeleitet werden kann. Der Landwehrkanal diente in seinen Anfangsjahren der Entwässerung, als Bad für seine Anwohner sowie als Transportweg für die Binnenschifffahrt. Für die Versorgung mit Obst, Bau- und Brennstoffen entstand an den Ufern ein System von Ladestraßen. Der Ausbau des Kanals für Odermaßschiffe veränderte zwar das Profil des Kanals, die sehr niedrigen Brücken jedoch wurden nicht angehoben. Die Folgen erleben wir heute noch: Bei einer Fahrt durch den Landwehrkanal geht es »eng« zu und man darf nicht vergessen, den Kopf einzuziehen, wenn eine Brücke passiert wird. Übrigens kommt der Name »Landwehr« aus dem Fachgebiet des Festungsbaus. Landwehrgräben dienten als Grenzbefestigung oder zur Sperrung von Zugängen. Der einstmals natürliche Landwehrgraben hatte die Aufgabe, den Zugang zu den Siedlungen an der Spree auf dem Landweg zu erschweren.

Heute dient der Kanal ausschließlich touristischen und wasserwirtschaftlichen Zwecken. Sogar eine »politische Geschichte« hat der Kanal aufzuweisen: die Leichen von Rosa Luxemburg und Karl Liebknecht wurden nach ihrer Ermordung durch Angehörige der Gardekavallerie-Schützendivision am 15. Januar 1919 in den Wasserlauf geworfen.

Am Salzufer Die erste Brücke nach der Einfahrt in den Landwehrkanal vom Spreekreuz aus, ist die Heinrich-Dove-Brücke, die nach dem Physiker und Meteorologen benannt wurde. Nach Durchfahren der nächsten Brücke, der Marchbrücke, erkennen wir linker Hand das Salzufer. Hier befand sich das königliche Salzmagazin. Das Salz kam aus Lüneburg und später aus Bernburg an der Saale. Heute befindet sich am Salzufer die Berli-

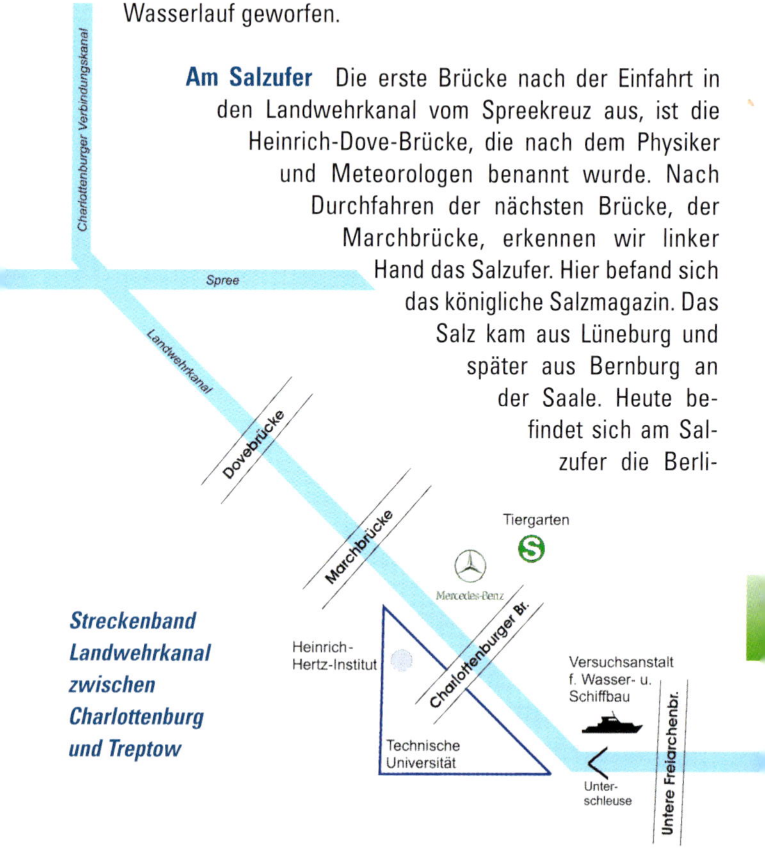

Streckenband Landwehrkanal zwischen Charlottenburg und Treptow

ner Niederlassung von Mercedes-Benz. Das Gläserne Verkaufshaus entstand 1998 für rund 40 Millionen Euro.

Technische Universität Auf der gegenüberliegenden Seite des Salzufers am Einsteinufer liegt die Technische Universität Berlin. Sie ist Deutschlands größte technische Lehranstalt, an der rund 28.300 Studenten in über 50 Studiengängen studieren. Gegliedert ist die TU-Berlin in acht Fakultäten. Sie ist auch die Hochschule Deutschlands mit dem höchsten Anteil ausländischer Studenten, der ca. 20 % beträgt. Das 1876–1881 errichtete Hauptgebäude mit Zügen der italienischen Hochrenaissance wurde im Zweiten Weltkrieg schwer zerstört. Besonders sehenswert dort ist der restaurierte Lichthof.

Charlottenburger Tor und Schleuseninsel Am Charlottenburger Tor wird die Charlottenburger Brücke unterfahren. Das Tor in seiner heutigen Form entstand 1908 und wurde während der Zeit der Nationalsozialisten im Zuge des Ausbaus der so genannten Ost-West-Achse (heute Straße des 17. Juni) geteilt. Die Torhälften befinden sich dadurch beiderseits der Charlottenburger Brücke. Jedes Wochenende findet hier in der Straße des 17. Juni Berlins wohl berühmtester Trödel- und Kunstmarkt statt.

Unmittelbar nach Durchfahren der Brücke sieht man linker Hand, vor Erreichen der Schleuseninsel, das Restaurantschiff »Capt. Schillow«. Heute liegt dieses Schiff, das auf eine lange Schifffahrtsgeschichte zurückblicken kann, hier fest vor Anker.

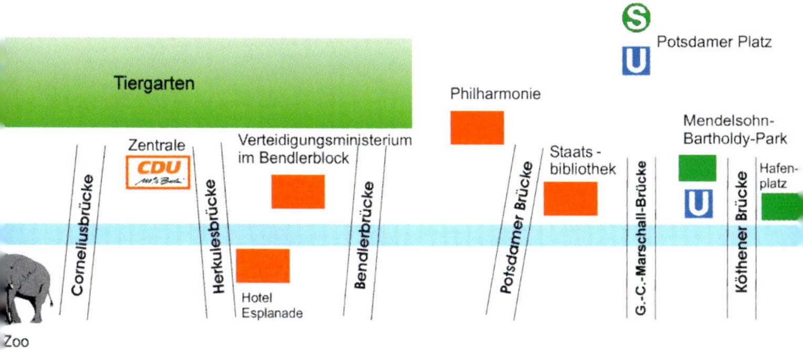

[Das Restaurantschiff »Capt. Schillow« am Charlottenburger Tor]

Bevor es in Berlin festmachte, war es der Vereinssitz des Emder Yacht Clubs. Seinen heutigen Namen trägt das Schiff zu Ehren des Kapitäns Werner Schillow (1919–1998). Er war Schiffsmakler und Nautiklehrer in Hamburg und Berlin und gründete eine der ersten Privatreedereien in Berlin.

Hinter dem Restaurantschiff sind im Flutgraben eine Reihe von Hausbooten zu erkennen. Derartige Liegeplätze gibt es nur wenige in der Berliner Innenstadt. Für so einen Liegeplatz muss man mit dem Wasserstraßenamt Berlin einen Pachtvertrag abschließen, wofür eine wasserbehördliche Genehmigung einzuholen ist. Und da die Hausboote schifffahrtsrechtlich als schwimmende Anlagen

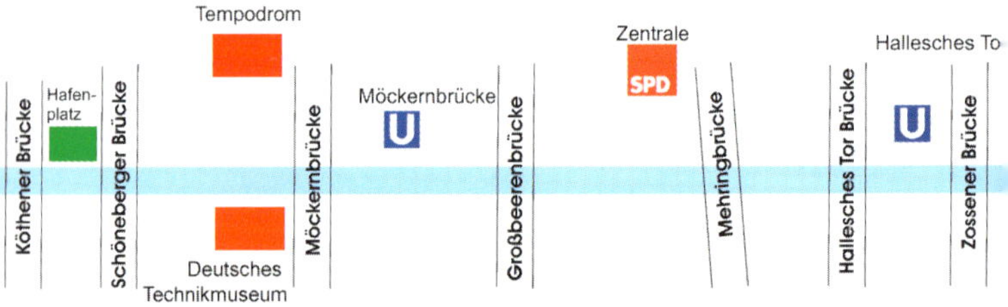

Capt. Schillow
Am Charlottenburger Tor
Straße des 17. Juni
10787 Berlin
Tel. 030 / 31 50 50 15
◷ Mo – Sa 11 – 24 Uhr
So 10 – 23 Uhr

gelten, benötigt man darüber hinaus eine Zulassung der Boote und muss regelmäßige Revisionen durchführen lassen.

Vor der Einfahrt in die Unterschleuse passieren wir die 1901 gegründete Versuchsanstalt für Wasser- und Schiffbau. Dort werden Strömungsmessungen und Schleppversuche an Schiffsmodellen zur Entwicklung neuer Schiffsformen und Antriebsanlagen durchgeführt. Besonders auffällig ist der große Umlauftank, der einen Durchmesser von acht Meter hat. Im Rohrkreislauf befindet sich eine Turbine, die die Strömung erzeugt. Für die Schiffsmodelle gibt es im Keller einen 100 Meter langen Schleppkanal. Während zu Kaiserzeiten Planungen und Forschungen für die Entwicklung der deutschen Kriegsflotte betrieben wurden, werden heute Formen für moderne Containerschiffe und Luxusliner am Modell getestet.

Die Unterschleuse im Tiergarten wird von der Stadtbahnbrücke überspannt. Rechter Hand liegt nur ca. 300 Meter entfernt der Bahnhof Zoologischer Garten. Die Tiergehege des Berliner Zoos reichen an dieser Stelle bis an den Kanal heran. Gegründet wurde Deutschlands ältester Zoo vor 160 Jahren von einem Hamburger. Mit 15.000 Tieren und 1.500 Arten ist der Berliner Zoo eine der artenreichsten Tiersammlungen der Welt.

Die Unterschleuse, so kurios das auch klingen mag, wurde nicht für die Schifffahrt gebaut. Hier hätte die Oberschleuse am Ausgang zur Spree ausgereicht. Peter Joseph Lenné plante den Bau der Unterschleuse, damit im Kanal immer ein gleichmäßiger Stand an-

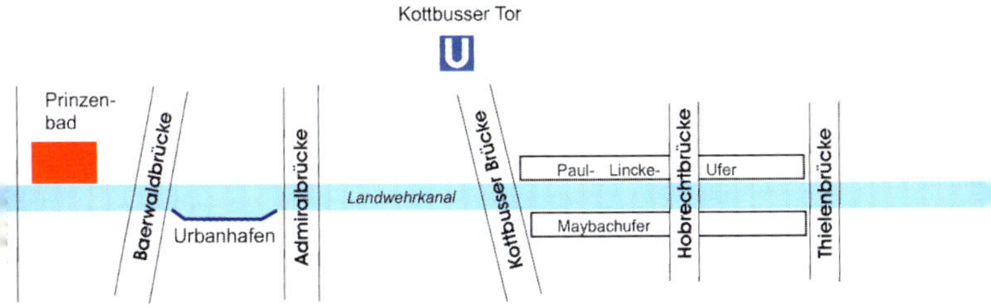

gestautes Wasser vorhanden ist, um damit den Tiergarten über ein internes Fließsystem ganzjährig mit ausreichend Wasser zu versorgen. Der Tiergarten, einst aus sandigen Anhöhen bestehend, wurde von Lenné im Stile englischer Landschaftsgärten gestaltet. Dazu gehörte auch ein System von Röhren zur Bewässerung des Gartens. Einst war der Tiergarten Jagdgebiet und Ausrittareal der Hohenzollern. Heute ist er Volkspark und wird von vielen Joggern, Radfahrern, Spaziergängern und Grillliebhabern genutzt. Mit 200 Hektar geschlossener Grünfläche ist er zugleich der größte Garten in Europa.

Auf der Weiterfahrt befindet sich zwischen den nächsten beiden Brücken, der Corneliusbrücke und der Herkulesbrücke, auf der linken Seite auf dem Klingelhöfer Dreieck die CDU-Bundeszentrale. Das Haus hat die Form eines Schiffes. Die Wohnungen und Büros im Klingelhöferdreieck gehören zu den exponiertesten und teuersten in Berlin. Hier haben auch die nordischen Botschaften der skandinavischen Staaten ihre Residenz.

Unmittelbar hinter der Herkulesbrücke liegt rechter Hand das Hotel Esplanade. Es gehört zu Berlins Luxushotels der postmodernen Art. Im Restaurant Harlekin wird Spitzengastronomie geboten. Am gegenüberliegenden Ufer des Esplanade hat das gleichnamige Restaurantschiff seinen Liegeplatz.

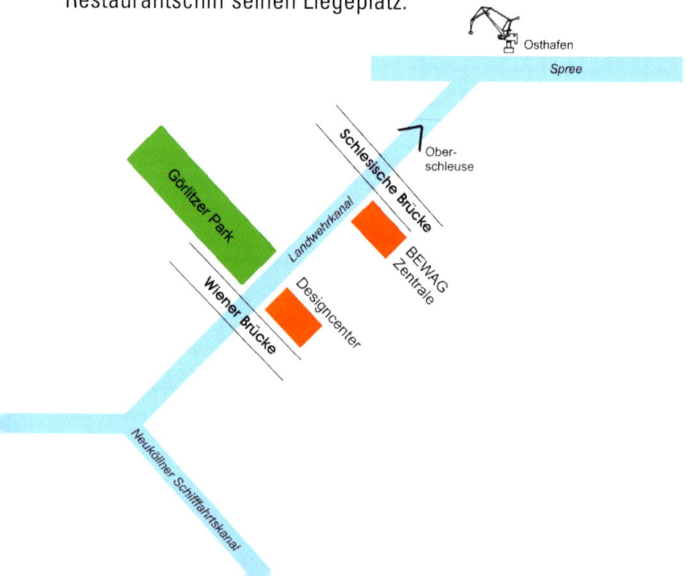

[Das Bauhausarchiv]

Bauhausarchiv und Diplomatenviertel Dem Hotel gegenüber steht das Bauhaus-Archiv. Es wurde 1970 eröffnet und dient als Ausstellungs- und Forschungsstätte zur Geschichte des Bauhauses. Begründet wurde diese Schule für Gestaltung von Walter Gropius 1919 in Weimar. Sie wurde 1925 nach Dessau verlegt und prägte in den zwanziger Jahren die Baukunst und das Industriedesign. Gleich hinter dem Bauhausarchiv quert der Hiroshima-Steg, eine Fußgängerbrücke, den Kanal.

Auf der gleichen Uferseite wie das Bauhausarchiv sticht durch ihr »altrosa Outfit« die Landesvertretung von Bremen ins Auge. Da sich hinter diesem Gebäude weitere Landesvertretungen und Botschaften befinden und schon immer befanden, wird dieses Quartier auch Diplomatenviertel genannt. Kurz vor der Bendlerbrücke liegt der Bendlerblock, seit dem Regierungsumzug Sitz des Verteidigungsministeriums. Hier befand sich einst das Reichsmarineamt und im dahinterliegenden Gebäude der Stab des Ersatzheeres unter Leitung von Graf Stauffenberg. Nach dem misslungenen Attentat auf Hitler am 20. Juli 1944 wurden Stauffenberg und seine Mitstreiter hingerichtet. 1967 wurde im Bendlerblock die Gedenkstätte »Deutscher Widerstand« eingerichtet. Heute werden an dieser Stelle regelmäßig junge Rekruten vereidigt.

Kulturforum Nach dem Durchfahren der Bendlerbrücke sehen wir linker Hand die Neue Nationalgalerie und die Staatsbibliothek Preußischer Kulturbesitz. Architekt der Neuen Nationalgalerie ist Ludwig Mies van der Rohe. Er wurde als Direktor des Dessauer Bauhauses bekannt und musste während der Nazizeit nach Amerika flüchten.

Neue Nationalgalerie
Potsdamer Str. 50
10785 Berlin
Tel 030 / 266 26 62
Die – Fr 10 – 18 Uhr
Do 10 – 22 Uhr
Sa u. So 11 – 18 Uhr

Die Staatsbibliothek preußischer Kulturbesitz ist die größte wissenschaftliche Bibliothek Berlins. Sie wurde von Hans Scharoun entworfen und 1978 den Lesern übergeben. Vor dem goldeloxierten Büchermagazin liegen flachere Gebäude mit einer großen Fensterfront: die Lesesäle.

Hinter der Staatsbibliothek ist die Philharmonie erkennbar. In dem ebenfalls von Hans Scharoun zwischen 1960 und 1963 errichteten Gebäude spielen die weltbekannten Berliner Philharmoniker. Die besondere Architektur des Gebäudes, das zeltartige Dach auf dem fünfeckigen Grundriss, zieht schon von weitem alle Blicke auf sich. Verstärkt wird die Besonderheit der Architektur durch die von

[Weithin sichtbar – das debis-Hochhaus am Potsdamer Platz]

außen angebrachten goldeloxierten Platten. Im Innern befindet sich ein Saal, in dem die Zuhörer auf drei Ebenen rund um das Orchester sitzen und die hervorragende Akustik genießen können. Diese wird durch von der Decke hängende Schallsegel und andere Reflektoren erzeugt.

Potsdamer Platz Für jedermann weithin sichtbar ist jetzt die neue Mitte Berlins: gemeint ist der Potsdamer Platz. Er galt in den zwanziger Jahren als der meist befahrene Platz Europas. Hier stand Deutschlands erste Verkehrsampel. Hier schlug das Herz der Metropole Berlin, hier war alles lebendig und ständig in Bewegung. Heute ist der Potsdamer Platz wieder Zentrum einer Metropole: modern, weltoffen und für jedermann anziehend.

Linker Hand in Fahrtrichtung auf dem Landwehrkanal finden wir die DaimlerChrysler-City. Deutschlands größter Konzern hat hier für zwei Milliarden Euro 19 Gebäude errichten lassen. Sieger im Architekturwettbewerb zum DaimlerChrysler-Areal wurde die Architektengemeinschaft Renzo Piano und Christoph Kohlbecker. Für die detaillierte Ausarbeitung und die architektonischen Entwürfe wurden fünf weitere Architektenteams eingesetzt. In erster

[Die Philharmonie]

[Der Marlene-Dietrich-Platz mit dem IMAX-Kino]

Reihe zum Reichpietschufer am Kanal stehen das Debis-Hochhaus und die Zentrale der Berliner Volksbank. Das Logo des Finanzdienstleisters im DaimlerChrysler-Konzern, ein grüner Würfel, ziert den Schornstein, der die Abgase aus dem Tiergartentunnel ableiten soll. Das Debis-Gebäude steht auf Stahlpfeilern, die 70 Meter in die Erde gerammt wurden. Der Fahrstuhl im Debis Turm ist der schnellste seiner Art in Europa. Eingeweiht wurde das DaimlerChrysler-Areal am 2. Oktober 1998.

In der neuen Potsdamer-Platz-Bebauung befinden sich nicht nur Bürohäuser von DaimlerChrysler und Sony, sondern auch die Potsdamer Platz Arkaden zum Shopping, das IMAX-Kino, das Stella Musical Theater und die Berliner Spielbank. Den Marlene-Dietrich-Platz, in zentraler Lage der DaimlerChrysler-City, und den Fontane Platz, der durch die schöne Fassade des alten Weinhauses Huth aufgewertet wird, sollte man unbedingt besichtigen. Heute zählt das Areal täglich wieder bis zu 70.000 Besucher.

Etwas vom Landwehrkanal abgelegen, an der Neuen Potsdamer Straße, findet sich das Sony Center. Dort hat nicht nur die Deutsche Bahn ihre Zentrale, hier finden wir auch das Filmmuseum Berlin

[Potsdamer Straße mit Blick zum Potsdamer Platz]

sowie den Sony Stile Store. In letzterem laden Technik, Entertainment und Gastronomie zum Verweilen ein.

Integriert in das Sony Center ist auch das alte Grandhotel Esplanade. In ihm hielt Kaiser Wilhelm II. seine berühmten Herrenabende ab. Erhalten blieben von diesem historischen Hotel die vier denkmalgeschützten Säle, der Kaisersaal, der Frühstückssaal, der Palmenhof und der Silbersaal. Der Kaisersaal wurde mit Hydraulikstempeln angehoben und auf einem Luftkissen um 75 Meter versetzt, was eine ingenieurtechnische Meisterleistung war.

Während der mehr als fünfjährigen Bauzeit von 1995–2000 konnte man sich über die Bebauung des Potsdamer Platzes in der nahe gelegenen Red Box informieren. Sie war in dieser Zeit die provisorische Informationszentrale und Aussichtsplattform für neun Millionen Besucher.

Verkehrs- und Technikgeschichte Folgt man dem Landwehrkanal weiter Richtung Osten (sei es per Schiff oder zu Fuß), so bietet sich hier komprimierte Technikgeschichte auf engstem Raum. Eine einfach gehaltene Stahlbrücke überspannte den Landwehrkanal südlich des Potsdamer-Platz-Areals: die Baulog-Brücke. Über sie

erfolgte die Ver- und Entsorgung der Großbaustelle Potsdamer Platz. Gesteuert wurden die Transporte von der Baulog, einem eigens hierfür gegründeten Baulogistikunternehmen, welches die Lieferungen per Bahn, Binnenschiff und LKW organisierte und steuerte. Am Bahnhof Gleisdreieck befanden sich die Zwischenlager für die Ver- und Entsorgung der Baustelle. Während im Kurzstreckenverkehr LKWs eingesetzt wurden, erfolgte der An- und Abtransport über die langen Distanzen mit der Eisenbahn und der Binnenschifffahrt. Diese Verteilung kam der Stadt zugute. Die sechs Millionen Tonnen Material, die zur Baustelle hin und von ihr weg transportiert werden mussten, führten nicht zu dem zunächst befürchteten Verkehrskollaps in der City.

[Verkehrsknotenpunkt am Deutschen Technikmuseum]

Auf der Weiterfahrt finden wir zwischen Köthener- und Schöneberger Brücke eine Parkanlage, den Mendelssohn-Bartholdy-Park, der durch eine Straße, die sich Hafenplatz nennt, begrenzt wird. Selbstverständlich befand sich früher hier ein echter Hafen. Es war der Schöneberger Hafen, der im Jahre 1852 als Berlins erster Hafen eröffnet wurde. Nach 100 Jahren Nutzung musste der Betrieb aber eingestellt werden.

Technikgeschichte können wir auch 300 Meter weiter auf der rechten Uferseite in Augenschein nehmen. Dort befindet sich das Deutsche Technikmuseum Berlin. Deutlich zu erkennen ist es an dem über dem Neubau schwebenden »Rosinenbomber« sowie an dem nahe gelegenen hochinteressanten Verkehrsknotenpunkt. Hier kreuzen sich fünf Verkehrswege: die an dieser Stelle als Hochbahn geführte älteste deutsche U-Bahnlinie, die unter der Erde verlaufenden S-Bahn- und Fernbahnlinien und die parallel verlaufende

Straße sowie der Wasserweg. Der als Blickfang aufgehängte Rosinenbomber hat für Berlin einen hohen Symbolwert. Dieser Flugzeugtyp, eine Douglas C-47, versorgte die Stadt während der Blockadezeit 1948/49 mit Lebensmitteln und Brennstoffen.

Auf dem ehemaligen Betriebsgelände und in Gebäuden des Anhalter Güterbahnhofs hat das 1982 gegründete Museum seinen Sitz. Der innovative Erweiterungsbau (2001 war Schlüsselübergabe) ist als Niedrigenergiehaus konzipiert. Alle tragenden Konstruktionen und die Haustechnik sind aus didaktischen Gründen sichtbar geblieben.

Die Verkehrs-, Produktions-, Kommunikations- und Energietechniken werden in 14 Abteilungen auf 14.000 Quadratmetern präsentiert. Zu finden sind Lokomotiven, Flugzeuge, Autos, Schiffs- und Wasserbaumodelle, Werkzeugmaschinen, Dieselmotoren, Druckpressen, Dampfmaschinen u.a.m. Hervorzuheben sind auch die Oldtimersammlung und der Nachbau der ersten programmierbaren Rechenmaschine Z1 von Konrad Zuse.

Hinter dem Museumsgebäude befindet sich ein sechs Hektar großer Naturmuseumspark. In ihm kann man historische Bahnanlagen, funktionsfähige Wind- und Wassermühlen sowie eine Hammerschmiede und eine historische Brauerei in Augenschein nehmen. Ebenfalls zum Museum gehört das eine Querstraße weiter in der Möckernstraße 26 gelegene Science Center Spectrum. Dort werden ca. 250 Experimente und physikalische Phänomene unseres Lebens und der Natur erklärt. Nach Abschluss der Ausbaumaßnahmen wird das Technikmuseum eine Ausstellungsfläche von 50.000 m^2 haben und damit zu den größten in der Welt gehören.

Ebenfalls zur Stiftung Deutsches Technikmuseum Berlin gehören neben dem Technikmuseum und dem Science Center das Zucker-Museum im Wedding, die Archenhold-Sternwarte in Treptow und das Zeiss-Großplanetarium in Prenzlauer Berg.

Deutsches
Technikmuseum Berlin
Trebbiner Str. 9
10963 Berlin
Tel. 030 / 902 54-0
www.dtmb.de
🕓 Di – Fr 9 – 17.30 Uhr
Sa, So, Feiertage
10 –18 Uhr

[Restaurantschiff »Van Loon« im Urbanhafen in Kreuzberg]

Unmittelbar auf Höhe des Technikmuseums quert der Anhalter Steg, eine Fußgängerbrücke, den Landwehrkanal. Sie zeigt den Weg zum ehemaligen Anhalter Bahnhof, einem der größten Kopfbahnhöfe Europas. Der Bahnhof wurde im Krieg stark zerstört. Bis auf das erhalten gebliebene Portal wurden alle Überreste des Bahnhofs abgerissen. Auf dem Gelände hat heute das mit seinem zeltartigen Betondach weithin sichtbare Tempodrom eine neue Heimat gefunden. Die Architektur soll an die Ursprünge dieses wichtigen Berliner Veranstaltungsortes erinnern: ein ausgedientes Zirkuszelt.

Vom Urbanhafen zur Oberschleuse Vor der Mehringbrücke ist linker Hand im Hintergrund das Willy-Brandt-Haus, in dem die Bundeszentrale der SPD ihren Sitz hat, zu sehen. Am Halleschen Tor finden wir die gleichnamige U-Bahnhaltestelle als Hochbahnhof über dem Kanal. Unter dem Landwehrkanal verläuft an dieser Stelle in Nord-Süd-Richtung die U-Bahnlinie 6 von Alt-Tegel nach Mariendorf. Am Halleschen Tor beginnt auch die Friedrichstraße, Berlins neue/alte attraktive Einkaufsmeile. Vor der Waterloobrücke

Restaurantschiff Van Loon
Carl-Herz-Ufer
10961 Berlin
Tel. 030 / 692 62 93
🕓 Mo – So 10 – 1 Uhr

befindet sich hinter der oberirdisch geführten U-Bahn eine Außenstelle des europäischen Patent- und Markenamtes.

Nach Durchfahren der Waterloobrücke liegt linker Hand das Prinzenbad, ein Schwimmbad, auf dessen Gelände bis 1952 Gasometer standen. Der erste Direktor der Berliner Gasanstalt hieß Baerwald. Nach ihm wurde die nächste Kanalbrücke benannt. Zwischen der Baerwald- und der Admiralbrücke fahren die Schiffe in den ehemaligen Urbanhafen ein. Von dem 1896 in Betrieb genommenen Areal ist heute jedoch nicht mehr viel zu erkennen. Übrig geblieben ist lediglich auf der rechten Uferseite eine Kanalaufweitung. Dort liegen nun ein Theater- und mehrere Restaurantschiffe. Das eigentliche Hafenbecken wurde in den sechziger Jahren zugeschüttet und darauf das Urbankrankenhaus errichtet. Gegenüber dem Urbanhafen mündete früher der Luisenstädtische Kanal in den Landwehrkanal. Auch dieser Kanal wurde von Lenné geplant. Die Schiffe konnten somit vom Urbanhafen Richtung Spree (die Mündung lag in Höhe der Schillingbrücke) quer durch Berlin fahren. Der Verlauf dieser Wasserstraße lässt sich heute noch im Stadtbild ablesen: Dazu folgt man dem Erkelenzdamm, über den Wassertorplatz hinweg, zum Engelbecken und über den Engeldamm bis zur Schillingbrücke.

Am Kottbusser Tor grenzen die Stadtteile Kreuzberg und Neukölln aneinander. Die linke Seite des Kanals nennt sich Paul-Lincke-Ufer. Paul Lincke war ein Kreuzberger Komponist, der durch zahlreiche Operetten und Lieder wie „Das ist die Berliner Luft«, „Glühwürmchen« und „Frau Luna« berühmt wurde. Auf der gegenüberliegenden Seite, am Maybachufer, findet wöchentlich am Dienstag und Freitag ein vielbesuchter Markt mit orientalischem Flair statt.

Wilhelm Maybach war ein enger Mitarbeiter Gottlieb Daimlers. Er erfand den Vergaser und konstruierte Wechselgetriebe sowie Lamellenkühler. 1909 gründete er zusammen mit seinem Sohn Karl und unter Mitwirkung von Graf Zeppelin in Friedrichshafen am

Bodensee die Maybach Motorenbau GmbH zur Herstellung von Motoren für Luftschiffe.

Auf der Weiterfahrt zweigt rechts der Neuköllner Schifffahrtskanal ab. Er stellt die Verbindung zum Teltowkanal her. Auf der Strecke zwischen dem Neuköllner Schifffahrtskanal und der Spree verlief bis 1989 rechter Hand unmittelbar am Ufer die Mauer.

Vor Erreichen der Oberschleuse sieht man an der Backbordseite den Görlitzer Park. Auf dem Parkareal lag einstmals der Görlitzer Bahnhof, der in den siebziger Jahren abgerissen wurde.

Vor der Einfahrt in die Spree müssen nun noch die Schlesische Brücke und die Oberschleuse passiert werden. In der Schleuse werden die Schiffe um einen halben Meter angehoben. Manchmal steht das Schleusentor für die Durchfahrt der Schiffe auch offen. Dann ist der Normalwasserstand im Landwehrkanal unter den Pegel der Spree gesunken. Der künstliche Wasserlauf wird in diesem Fall via offene Oberschleuse mit Spreewasser gespeist. Mit dem Einlaufen in die Spree findet die Brückenfahrt durch den Landwehrkanal ihren Abschluss.

GETA

Industriestrecke Teltowkanal

Von der Dahme zur Havel

Der 29 Kilometer lange Teltowkanal schafft im Süden Berlins eine Abkürzung von der Spree und der Dahme zur Havel. Die „normale« Strecke über die Spreemündung in Spandau zur Havel und weiter nach Potsdam ist dagegen rund 16 Kilometer länger. Auf ihr sind zwei Schleusen sowie die vielbefahrene Stadtspree zu durchfahren, was ca. acht Stunden mehr Zeit kostet.

Den Namen verdankt der Kanal der Stadt Teltow. Teltow liegt vor den Toren Berlins und entwickelte sich um die Wende zum 20. Jahrhundert zu einem wichtigen Industriestandort. Billige Transportwege wurden gefordert und so begann man 1900 mit dem ersten Spatenstich zum Bau des Teltowkanals. Sechs Jahre später konnte er eröffnet werden.

In der Blütezeit der Binnenschifffahrt gab es am Teltowkanal 10 Häfen. Die Schiffe müssen in seinem Verlauf nur eine Schleuse in Kleinmachnow passieren. Entlang des Kanals findet der Tourist fünf Anlegestellen der Fahrgastschifffahrt und zahlreiche imposante Industriebauten wechseln sich mit Gartenkolonien und Wohnsiedlungen ab.

An der Dahme in Grünau Zur Hauptstrecke des Teltowkanals gelangt man von der Spree aus über den Britzer Verbindungskanal oder von Norden her über den Neuköllner Schifffahrtskanal. Am Wasserstraßenkreuz in Britz treffen sich diese Wasserwege und der Teltowkanal nimmt seinen Lauf Richtung Teltow und Potsdam. Unmittelbar am Wasserstraßenkreuz befindet sich der Hafen Britz Ost. Dort liegen heute Schiffe des Wasserschutzes und für eine Betonmischanlage werden Baustoffe angeliefert. Ebenfalls am Wasserstraßenkreuz Britz wurde am Delfter Ufer die erste Anlegestelle der Fahrgastschifffahrt auf dieser Strecke eingerichtet.

[Frachtschiff auf dem Teltowkanal]

Gartenstadt Britz Namensgeber des Ortes war ein Herr Britzke, dem im 14. Jahrhundert ein Großteil der Ländereien der Gemarkung gehörte. Fast 500 Jahre später siedelte sich 1864 in Britz die Gärtnerei Späth an. Diese Firma hat Britz als Baumschulen- und Gartenstadt berühmt gemacht. Später versuchte man an diese Tradition anzuknüpfen, besonders augenfällig in dem drei Kilometer südwestlich vom Schiffsanleger liegenden Britzer Garten. Auf dem 90 Hektar großen Areal fand 1985 die Bundesgartenschau statt. Die großzügig gestalteten Blumen-, Gehölz- und Wiesenflächen bieten bis heute vielfältige Möglichkeiten zur individuellen Freizeitgestaltung.

Tempelhof Als nächstes folgt auf der Kanalfahrt am rechten Ufer der Hafen Tempelhof. Er hat heute seine Bedeutung als Hafen verloren und soll zukünftig zu einem gehobenen Wohnstandort mit Gastronomie, Hotellerie und Marina entwickelt werden. Der alte Hafenspeicher, der heute noch als Möbellager genutzt wird und unter Denkmalschutz steht, soll in das Konzept voll integriert werden.

Ihren Höhepunkt hatte Berlins Binnenschifffahrt und Hafenwirtschaft im Jahre 1929 mit einem Güterumschlag von rund 33 Millio-

[Das Ullsteinhaus]

nen Tonnen. Davon entfielen ein Drittel auf den Schiffs- und zwei Drittel auf den Bahnumschlag, wobei die Mehrzahl der Waren in die Stadt hinein transportiert wurden, denn es galt den Bedarf an Nahrungsmitteln, Brennstoffen und Baustoffen für die drei Millionen Einwohner abzudecken. „Goldene Zeiten«, die längst vorbei sind. Dies zwingt dazu, dass für Areale wie den Tempelhofer Hafen neue Nutzungskonzepte entwickelt werden.

Direkt gegenüber dem Hafen befindet sich das 1926 erbaute Ullstein-Haus. Der Architekt Professor Schmohl entwarf dieses erste Stahlbeton-Hochhaus Berlins für den Ullstein-Verlag. Der 72 Meter hohe Turm des Hauses gilt als Wahrzeichen des Bezirks. Wo früher Zeitungen gedruckt wurden, hat heute die Modebranche eine Heimat. 1987 etablierte sich hier das Mode-Center-Berlin, in dem zwischenzeitlich alle Modesparten vertre-

[Das Modecenter Berlin am Hafen Tempelhof]

Britzer Garten
Sangerhauser Weg 1
12349 Berlin
Tel. 030 / 70 09 06-0
🕓 April 9 – 19 Uhr
Mai – August 9 – 20 Uhr
September 9 – 19 Uhr
Oktober 9 – 17 Uhr
November – März
9 – 16 Uhr

[Blick auf den Teltowkanal]

ten sind. Auch das Gründerzentrum »Minerva«, Anlaufpunkt für junge Designer, ist im Ullsteinhaus ansässig.

Nördlich des Hafens Tempelhof (vom Schiff aus freilich nicht zu sehen) liegt der gleichnamige Flughafen. Der Flughafen Tempelhof war einst Europas größter Airport. Er wurde 1923 in Betrieb genommen. Seine höchste Auslastung erlebte er während der Berlin-Blockade 1948/49 durch die Versorgungsflüge der West-Alliierten. Während dieser Zeit erfolgte fast alle zwei Minuten eine Landung. Zukünftig soll er, wenn der neue Airport Berlin-Brandenburg in Schönefeld ausgebaut worden ist, geschlossen werden. Auf seinem Areal werden dann wohl Wohnhäuser und Gewerbeeinrichtungen entstehen.

Vor der Weiterfahrt auf dem Teltowkanal kann unterhalb des Hafens Tempelhof, an der Stubenrauchbrücke, am dortigen Anleger der Fahrgastschifffahrt zu- oder ausgestiegen werden.

Von Mariendorf nach Lichterfelde Setzt man die Schiffstour fort, dann kommen am linken Ufer Gartenkolonien und nach der Teubertbrücke der Hafen Mariendorf zum Vorschein. Er gehört zum

[Das Kraftwerk Lichterfelde am Teltowkanal]

ehemaligen Gaswerk Mariendorf und wird heute ebenfalls nicht mehr genutzt. Das Gaswerk ging 1901 in Betrieb und war eines von einst 29 Gaswerken in Berlin. 1996 wurde hier die Gasproduktion eingestellt. Von einem der beiden Gasometer ist noch das 51 Meter hohe Stahlskelett übriggeblieben. Es steht unter Denkmalschutz. Der Landeshafenentwicklungsplan für Berlin sieht vor, den Hafenstandort Mariendorf zu sichern, um ihn später bei Bedarf zu einem modernen Schnittpunkt für den Güterverkehr im Einzugsgebiet des Teltowkanals zu entwickeln. Hier sollen dann zukünftig vor allem Recycling- und Baustoffe umgeschlagen werden.

Als nächstes erreicht der Wassertourist den Stadtteil Steglitz. Steglitz wurde 1375 gegründet und gehört seit 1920 zu Berlin. Zu diesem Zeitpunkt hatte Steglitz 20.000 Einwohner und galt als das »größte Dorf Preußens«. Der Ortskern und der Botanische Garten befinden sich ein Stück vom Wasser entfernt. Im Botanischen Garten sind 25 Meter hohe Schaugewächshäuser zu bewundern, in denen alle Vegetationszonen der Erde vertreten sind. Der Schiffsanleger Steglitz für Ausflugsboote befindet sich am Nordufer des Teltowkanals gegenüber dem Hafenbecken. Der Hafen selbst hat heute für die Schifffahrt keine Bedeutung mehr. Steglitz ist ein

Hotel und Historischer Gasthof Bäkemühle
Zehlendorfer Damm 217
14532 Kleinmachnow
Tel. 03 32 03 / 780 08
Okt – März
Di – So 11 – 23 Uhr
April – Sept
Mo – So 11 – 23 Uhr

Stadtteil mit einer hohen Wohnqualität, die Schlossstraße ist eine bei vielen Berlinern beliebte Einkaufsmeile.

Südlich des Hafens befindet sich der Fliegerberg Otto Lilienthals, der diesen Hügel eigens für seine Flugversuche aufschütten ließ. Auf der gegenüberliegenden Seite des Hafens liegt das Universitätsklinikum Benjamin Franklin, eines der größten Krankenhäuser Berlins.

An den Ufern des Teltowkanals wurde vor allem Industrie angesiedelt, da man hier Rohstoffe und Fertigprodukte kostengünstig an- und abtransportieren konnte. Deshalb gibt es auf dieser Strecke eine Vielzahl von Hafenanlagen. So finden wir auf der Weiterfahrt als nächstes das Kraftwerk Lichterfelde mit seiner Anlegestelle. Das Kraftwerk ist eines der insgesamt 11 Heizkraftwerke der Stadt. Es wurde in der Zeit von 1970 bis 1974 errichtet, wird mit Gas betrieben und liefert eine Leistung von 450 Megawatt.

Nach Passieren der Eugen-Kleine Brücke wird die Stadtgrenze Berlins erreicht. Am Nordufer des Kanals erstreckt sich der Stadtbezirk Steglitz-Zehlendorf und südlich die Stadt Teltow. Hier zweigt der Zehlendorfer Stichkanal vom Teltowkanal ab. Dieser Stichkanal gilt heute als Anglerparadies. Am Ende des Stichkanals befindet sich der Hafen Zehlendorf, der ebenso wie der zwei Kilometer entfernt am Teltowkanal liegende Hafen Sachtlebenstraße nicht mehr für den Güterumschlag genutzt wird. Damit ist die Fahrt auf dem Teltowkanal fast beendet. Ins Blickfeld kommt abschließend ein imposantes Wasserbauwerk: die Schleuse Kleinmachnow.

Kleinmachnow Der Ort hat der Schleuse seinen Namen gegeben. Sie hat drei Kammern, wovon die nördliche im Rahmen des Verkehrsprojektes Deutsche Einheit Nr. 17 derzeit ausgebaut wird. Sie erhält eine Kammerlänge von 190 Meter und eine Breite von 12 Meter. Nach der Fertigstellung können moderne Großschubverbände von 185 Meter Länge und 11,4 Meter Breite ohne auseinandergekoppelt zu werden diese Schleuse nutzen. Unmittelbar vor der Schleuse liegt am Ufer des Machnower Sees die letzte Anlegestelle der Fahrgastschifffahrt im Teltowkanal. Nördlich des Sees thront auf dem 62 Meter hohen Seeberg die Neue Hakeburg. Die alte Hakeburg stand auf der Südseite des Kanals neben der heute noch erhaltenen Dorfkirche von Kleinmachnow. Kleinmachnow, nun wieder ein gepflegter Vorort Berlins, gehörte über fast 500 Jahre der Familie von Hake. Die Neue Hakeburg mit ihrem vom Wasser aus sichtbaren Turm wurde zwischen 1906 und 1908 vom Gutsbesitzer Dietloff von Hake errichtet. Ihr weitläufiges Gelände war während des Zweiten Weltkrieges Domizil der Reichspostforschungsanstalt, in der unter anderem moderne Waffen- und Kommunikationstechnik entwickelt wurde. Die Burg selbst bewohnte der Reichspostminister. Nach 1947 war hier der Sitz mehrerer Parteischulen und ein Gästehaus der SED. Zum Burgensemble gehörte auch eine Mühle aus dem Jahre 1696. Sie wird heute als Restaurant Bäkemühle geführt. Hinter der Schleuse Kleinmachnow passiert der Wassertourist vor Einfahrt in die Havel den Griebnitzsee mit der Silhouette von Neubabelsberg.

HANSEATIC
Reederverband Berli
Tel. 833 95 53
Abfahrt nach :
Dampferfahrt
nach Spandau
mit 2½ Stunden
Aufenthalt
Tel. 033233/82798
HANSEATIC
13.30 Uhr
BRANCAMENTA

Ins Berliner Umland und weiter weg

Man kann heute mit Fahrgastschiffen aus Berlins Mitte in alle Himmelsrichtungen fahren:

Nach Norden über die Havel zu den Mecklenburger Gewässern,

Nach Osten über den Oder-Havel-Kanal zur Oder und flussabwärts zur Ostsee bzw. über den Oder-Spree-Kanal ebenfalls zur Oder und flussaufwärts zu ihrer Quelle,

Nach Süden zur Dahmewasserstraße und den Storkower Gewässern sowie

Nach Westen über die Havel und den Elbe-Havel-Kanal zur Elbe und der Nordsee oder weiter Richtung Westen über den Mittellandkanal zum Rhein.

Es gibt viele Möglichkeiten sich in und um Berlin auf dem Wasser zu erholen. Dabei können die zahlreichen und gut ausgebauten Wasserwege touristisch oder zum Wassersport genutzt werden. Das an Berlin angrenzende Brandenburg ist mit ungefähr 3.000 Seen und ca. 30.000 Kilometer Fließgewässern das wasserreichste Bundesland Deutschlands. Hier gibt es für Paddelboote ca. 6.500 Kilometer und für Motorboote ca. 1.600 Kilometer ausgewiesene Wasserwege.

Für die Touristen werden verschiedene Tagesfahrten auf dem Wasser oder auch kombinierte Fahrten mit dem Schiff und dem Bus bzw. mit Schiff und Rad angeboten. Darüber hinaus gibt es auch Mehrtagesfahrten mit Kabinenschiffen als Flusskreuzfahrten, die sich immer größerer Beliebtheit erfreuen.

[Anlegestelle in Werder an der Havel]

Tagestouren

Nach Brandenburg Die Schiffstour startet am Liegeplatz Wannsee (in der Nähe vom Bahnhof Wannsee) und führt über den Großen Wannsee, den Jungfernsee, auf dem Sacrow-Paretzer-Kanal durch den Schlänitz- und Göttinsee zur Potsdamer Havel. Vorbei am Abzweig des Havelkanals und an Ketzin geht es dann auf der Havel bis nach Brandenburg. Hier bietet sich bei einem zweistündigen Landgang die Möglichkeit zum Spaziergang durch die Stadt zum Brandenburger Dom, zur St. Katharinenkirche und dem Mühlentorturm. Und diejenigen, die nicht laufen mögen, können bei einer Kremserfahrt durch die Mark Brandenburg die schöne Landschaft genießen.

Die Rückfahrt von Brandenburg nach Wannsee geht über die Potsdamer Havel durch die Havel Seen – den Großen Zernsee, den Schwielowsee und den Templiner See – zum Großen Wannsee. Die Fahrt führt vorbei an der Inselstadt Werder, an Baumgartenbrück und unter der Glienicker Brücke hindurch wieder nach Wannsee zurück.

> **Restaurant und Biergarten Liebesquelle**
> Brunnenstraße 2
> 15569 Woltersdorf
> Tel. 033 62 / 53 40
> ⌚ Mo – So 12 – 22 Uhr
> von März bis Oktober ist zusätzlich das Gartenlokal geöffnet

Zur Schleuse Woltersdorf Der Hafen Treptow ist der Ausgangspunkt für die Fahrt zur Woltersdorfer Schleuse. Dabei geht es auf der Spree durch die Köpenicker Altstadt und Friedrichshagen zum Großen Müggelsee und auf der Müggelspree an Neu Venedig vorbei, durch den Dämeritzsee nach Erkner und weiter bis zur Schleuse Woltersdorf. Die Schleuse liegt zwischen Kalk- und Flakensee. Im Jahr 2000 wurde sie in der vierten Generation neu gebaut. Vor 500 Jahren entstand die erste Schleuse, als der Abbau des Rüdersdorfer Kalks begann und Binnenschiffe den Abtransport übernahmen. Rund um die Schleuse befinden sich Ausflugslokale und eine Liebesquelle, deren Wasser für eine nie endende Liebe sorgen soll. Von hier aus geht die Fahrt nach einstündigem Aufenthalt wieder auf dem gleichen Weg zurück.

Ausflugsfahrt nach Rüdersdorf Alternativ wird als eine zweite Tour auch eine Weiterfahrt durch die Woltersdorfer Schleuse nach Rüdersdorf angeboten.

Rüdersdorf, bekannt durch seinen Kalksteinbruch, versorgt bereits seit dem 16. Jahrhundert Berlin mit Kalk und Zement. Eigens hierfür ist der Schifffahrtsweg nach Rüdersdorf ausgebaut worden. Von hier kamen die Baustoffe für das Brandenburger Tor, das Schloss Sanssouci und viele bedeutende Berliner Bauwerke. Auch heute noch werden ein Teil der hier hergestellten Kalksteine und der Zement auf dem Wasserweg abgefahren – zu Baustellen nach Berlin, aber auch weiter weg bis hin zum Seehafen Stettin.

Sehenswert in Rüdersdorf und während des zweistündigen Aufenthaltes unbedingt zu empfehlen ist ein Besuch im Museumspark Rüdersdorf. Hier gibt es interessante Industriearchitektur zu bewundern. Die Produktions- und Verwaltungsgebäude aus mehreren Jahrhunderten gehören zu den bedeutendsten Industriedenkmälern Deutschlands. Durch den Park werden verschiedene

Museumspark Baustoffindustrie Rüdersdorf
Heinitzstraße 11
15562 Rüdersdorf
Tel. 03 36 38 / 765-10
Mo – So 10 – 18 Uhr

thematische Führungen angeboten. Diese beinhalten geologische und historische Exkursionen sowie Jeep- und Mountainbiketouren.

Die Rückfahrt von Rüdersdorf nach Berlin führt um die Müggelberge herum, durch den Dämeritzsee und den Gosener Kanal in den Seddinsee. Von hier aus geht die Fahrt weiter auf der Dahme zur Regattastrecke auf dem Langen See in Grünau und zurück zum Start- und Zielpunkt, dem Hafen Treptow.

Nach Neue Mühle Vom Hafen Treptow führt die Fahrt zur Köpenicker Altstadt und weiter auf der Dahme durch Grünau zum Zeuthener See. Von Zeuthen geht es dahmeaufwärts Richtung Niederlehme und Königs Wusterhausen. An der Autobahnbrücke ist linker Hand das Kalksandsteinwerk zu erkennen. Ein Großteil der weißen Ziegel für den Wohnungsbau werden mit dem Binnenschiff abtransportiert. Ehe die Dahme einen starken Linksschwenk macht, ist der Hafen Königs Wusterhausen zu sehen. Er ist der leistungsstärkste Hafen im Land Brandenburg. Mit seinen zwei Waggonkippanlagen und fünf Kränen werden hier jährlich über zwei Millionen Tonnen Güter umgeschlagen.

Nach der Vorbeifahrt an den Waggonkippanlagen wird die Schleuse Neue Mühle erreicht. Die erste Erwähnung eines Mühlenstaus an der Dahme datiert aus dem Jahre 1478. Der Name »Neue Mühle« hat sich bis in unsere Zeit erhalten. Die erste Schleuse entstand 1739. Heute können maximal Finowmaßschiffe mit 40,8 Meter Länge und 5,3 Meter Breite die Schleuse passieren. Hinter der Schleuse wird der Krimnicksee erreicht. Eine Rundfahrt auf dem Krimnicksee bildet die Wendeschleife für die Rückfahrt zum Hafen Treptow.

Ins Havelland Vom Anleger an der Greenwichpromenade am Tegeler See führt die Rundtour durch den Tegeler See und den Spandauer See. Nach Durchfahren der Schleuse Spandau geht die

[Werder an der Havel]

Fahrt weiter auf der Havel, vorbei am Wannsee und der Pfaueninsel Richtung Jungfernsee. Über den Jungfernsee erreicht man den Sacrow-Paretzer-Kanal. Durch den 1876 freigegebenen Schifffahrtsweg verkürzt sich die zurückzulegende Entfernung für die Schifffahrt im Vergleich zur Havelstrecke durch Potsdam, den Schwielowsee und Werder um 13,5 Kilometer. Seit dem Kanaldurchstich wird die Havelstrecke um Potsdam und Werder als »Potsdamer Havel« bezeichnet. Bekannt ist die weiter südlich gelegene Inselstadt Werder durch das jährliche Baumblütenfest im April. Aus diesem Anlass bietet die Potsdamer Fahrgastschifffahrt zahlreiche Sonderfahrten an.

Vom Göttinsee zweigt der Havelkanal Richtung Norden ab. Der 35 Kilometer lange Kanal ist 1952 nach nur 13-monatiger Bauzeit in Betrieb genommen worden. Er verkürzt die Fahrt um Berlin um lediglich neun Kilometer und wurde vor allem aus politischen Gründen gebaut: Nach der Teilung Deutschlands galt es für die Schiffe aus der DDR, die Westsektoren Berlins zu umfahren. Hinter der einzigen Kanalschleuse auf dieser Strecke in Schönwalde mündet der Kanal in Hennigsdorf in den Nieder-Neuendorfer See. Von dort geht es auf der Havel wieder Richtung Berlin zum Tegeler See.

Nach Liebenwalde Eine Fahrt für Naturliebhaber – die Tour startet in Tegel an der Greenwichpromenade und führt über die Havel, den Oder-Havel- und den Malzer Kanal durch Hennigsdorf und Oranienburg zur Stadt Liebenwalde. Angekommen in Liebenwalde kann die historische Altstadt mit den Resten der Quitzowburg sowie der Pfarrkirche aus dem Jahr 1833 besichtigt werden. Die Rückfahrt führt auf der gleichen Strecke durch den wunderschönen Naturpark Barnim und die Stolper Heide.

Kombinierte Fahrten mit Schiff und Bus

Touren zum Schiffshebewerk Niederfinow Start dieser interessanten Tour, die nicht nur Technikinteressierten zu empfehlen ist, ist der Anleger Greenwichpromenade in Tegel. Von hier aus führt die Fahrt bei einem reichhaltigen Frühstücksbuffet über die Oberhavel und den Oder-Havel-Kanal bis zum Lehnitzsee und anschließend durch die Schleuse Lehnitz. Auf der Weiterfahrt geht es vorbei an den Orten Friedrichsthal, Zerpenschleuse, Marienwerder, Finowfurt und Eberswalde. Wenige Kilometer weiter ist der Höhepunkt der Fahrt erreicht – das Schiffshebewerk Niederfinow.

Nach Überwindung des 36 Meter großen Höhenunterschieds ist Oderberg, das Ziel der Reise, fast in Sicht. Hier befindet sich ein liebevoll gestaltetes Binnenschifffahrtsmuseum mit einem über 100 Jahre alten Schaufelraddampfer. Die Rückfahrt nach Berlin erfolgt mit modernen Reisebussen.

Das Highlight dieser Tour ist das berühmte und ehrwürdige Schiffshebewerk Niederfinow. Dieses »Wunderwerk der Ingenieurbaukunst« stammt aus dem Jahr 1934. Die genietete Stahlkonstruktion wurde aus 14.000 Tonnen Stahl und 72.000 Kubikmeter Beton errichtet. Das Hebewerk ist ca. 60 Meter hoch, 94 Meter lang und 27 Meter breit. Der Trog wiegt 4.290 Tonnen. Mit dem Hebewerk wird ein Höhenunterschied von 36 Metern in 20 Minuten überwunden.

Nach inzwischen knapp 70-jähriger Betriebszeit ist der Ersatz des alten Hebewerkes durch ein neues leistungsfähigeres Hebewerk vorgesehen. Ein Vergleich des alten Hebewerkes mit der geplanten nächsten Generation ergibt folgendes Bild:

	Altes Hebewerk	**Neues Hebewerk**
Fertigstellung	1934	2010
Bauzeit	8 Jahre	6 Jahre
Baukosten	27,5 Mio. RM	165 Mio. Euro
Bauweise	Genietete Stahlkonstruktion	Senkrechte Trogelemente aus Beton, horizontale Elemente aus Stahl
Troggröße	L = 85 m, B = 12 m, T = 2,5 m	L = 115 m, B = 12,5 m, T = 4 m
Troggewicht	4.300 t	8.500 t

Nach Neuruppin Vom Hafen Tegel führt diese Fahrt über Tegelort, den Oder-Havel-Kanal, den Ruppiner Kanal und über den Kremmener Rhin, ein malerisches Flüsschen. Das Rhinluch ist ein Naturparadies, in dem früher Torf abgebaut wurde und wo heute viele Tier- und Pflanzenarten zu finden sind. Durch den Bützsee und den Ruppiner See, der mit 14 Kilometer der längste See Brandenburgs ist, geht es weiter nach Neuruppin. Neuruppin ist die Geburtsstadt des Dichters Theodor Fontane und des Baumeisters

Karl Friedrich Schinkel. Hier können bei einem Stadtrundgang die klassizistischen Bauwerke wie zum Beispiel das Geburtshaus Fontanes, der Tempelgarten, früher der Kronprinzliche Garten, und die Klosterkirche St. Trinitatis besichtigt werden. Nicht versäumen sollte man einen Besuch im Heimatmuseum mit dem »Neuruppiner Bilderbogen«. Die Rückfahrt erfolgt mit einem Reisebus nach Berlin-Tegel.

Nach Stettin Ein beliebtes Ziel für eine ganztägige Schiffstour von Berlin aus ist die polnische Hafenstadt Szczecin/Stettin. Die alte Hansestadt Stettin war traditionell schon immer der »Seehafen Berlins«.

Die Fahrt beginnt ebenfalls im Hafen Tegel und führt vorbei an den idyllischen Inseln im Tegeler See. Auf der Havel mit ihren zahlreichen Seen, durch den Nieder-Neuendorfer See und den Lehnitzsee, geht es weiter bis zur Schleuse Lehnitz, wo das Schiff um sechs Meter angehoben wird, um dann im Oder-Havel-Kanal bis zum Schiffshebewerk Niederfinow weiterzufahren. Nach der »Schiffsfahrstuhlfahrt« geht es auf der alten Oder weiter zur Schleuse Hohensaaten und oderabwärts durch den Nationalpark Unteres Odertal. Die Grenze nach Polen wird in Widuchowa überquert. Nach weiteren zwei Stunden ist das Fahrziel Stettin in Sicht. Per Bus geht es vom Stettiner Passagierkai zum Hotel. Am nächsten Tag lässt sich eine geführte Stadtrundfahrt anschließen. In der Hauptstadt der Wojewodschaft Westpommern, deren Geschichte bis in die zweite Hälfte des 8. Jahrhunderts zurückgeht, gibt es viele historische Bauten. Besonders hervorzuheben sind aus dem 14. Jahrhundert das Schloss der Herzöge von Pommern, das alte Rathaus, die gotische Johanneskirche und aus dem 15. Jahrhundert der Dom St. Jacobi. Heute wird die 420.000 Einwohner zählende Metropole durch die Hafenwirtschaft, die Werftindustrie sowie den Maschinenbau und die Lebensmittelproduktion geprägt. Am Nachmittag des zweiten Tourentages geht es per Bus zurück nach Berlin. Die Tour ist alternativ auch in umgekehrter Reihenfolge möglich.

Über die Dahmegewässer nach Prieros Vom Hafen Treptow führt diese Tour auf der Dahme-Wasserstraße bis zum brandenburgischen Dorf Prieros. Auf der Fahrt werden der Zeuthener See, der Krimnick- und Krüpelsee, das Bindower Fließ und der Dolgensee durchquert. Der Naturpark Heideseen, in dem das kleine Dörfchen Prieros liegt, bietet eine wunderschöne abwechslungsreiche Landschaft.

Angekommen in Prieros ist es möglich, an einer geführten Wanderung mit einem Jäger teilzunehmen, die zum Gestüt Prieros führt, das für seine Zucht von Trabrennpferden bekannt ist. In Prieros selbst kann man sich im schilfgedeckten Heimathaus über die Geschichte des Ortes informieren. Das Haus selbst stammt aus dem 18. Jahrhundert und steht heute unter Denkmalschutz. Am Mühlendamm zwischen Friedhof und Dahme befindet sich ein Botanischer Garten. Dort sind über 230 verschiedene Nadelgehölze zu finden. Die Rückfahrt bzw. wahlweise auch die Hinfahrt erfolgt mit einem Reisebus.

Nach Teupitz Die Fahrt nach Teupitz ist eine Verlängerung der Prieros-Fahrt. Es geht vom Dolgensee weiter über den Schmöldensee, Hölzernen See, Klein Köriser See, Kleinen und Großen Modersee, Schulzensee, den Zemminsee und Schweriner See zum Teupitzer See. In Teupitz, einer ehemaligen Ackerbürgerstadt mit königlichem Jagdrevier, kann bei einem Stadtrundgang die Heilig-Geist-Kirche aus dem 16. Jahrhundert besichtigt werden. Die Rückfahrt, alternativ auch die Hinfahrt, erfolgt mit einem Reisebus.

Kombinierte Fahrten mit Schiff und Fahrrad

Für einen aktiven Urlaub mit viel frischer Luft und Bewegung bietet sich diese Form der Ausflugstouren an. Täglich werden verschiedene Touren geradelt und abends wartet dann schon das Schiff mit seinen bequemen Kojen auf die Reisenden. Dabei kann man auch mal eine Etappe »ausfallen« lassen und sie auf dem Schiff verbringen.

Durch das Dahmeland nach Bad Saarow Ab Spandau führt eine solche Tour über die Müggelspree nach Schmöckwitz und auf der Dahmewasserstraße durch den Naturpark Dahme-Heideseen bis nach Bad Saarow und Pieskow an der nördlichen Spitze des Scharmützelsees. Auf dieser Fahrt werden die wunderschönen Storkower Gewässer mit ihren zahlreichen Seen durchfahren. Die abwechslungsreiche Landschaft bietet sowohl Fahrradfahrern als auch den Schiffspassagieren ein erholsames Naturerlebnis. Die Fahrt von Spandau bis nach Bad Saarow-Pieskow dauert vier Tage.

Flusskreuzfahrten

Immer größerer Beliebtheit erfreuen sich mehrtägige touristische Fahrten mit Kabinenschiffen, für die Berlin ein lohnenswerter Zielort ist bzw. von wo aus die Reise Richtung Elbe, Rhein, Oder und Mecklenburger Seenplatte beginnt. Hierbei kommen aufgrund der Wasserstraßenverhältnisse sehr unterschiedliche Schiffsgrößen zum Einsatz.

Landsberg an der Warthe Diese Neuntagereise führt von Berlin-Spandau durch die Berliner City auf der Spree und dem Oder-Spree-Kanal nach Fürstenwalde. Die Stadt Fürstenwalde, in der heute ca. 34.000 Einwohner leben, entstand bereits zwischen 1225 und 1250. Durch die damalige Notwendigkeit des Warenumschlags beim Schiffstransport (die Spree war ab hier nicht mehr schiffbar) entwickelte sich Fürstenwalde zu einer der wohlhabendsten Städte in Brandenburg. In der Stadt können heute noch der St.-Marien-Dom aus dem 15. Jahrhundert und das alte Rathaus von 1511, das Niederlagetor sowie Reste der alten Stadtmauer und die Treidelbrücke besichtigt werden.

Weiter geht die Fahrt auf dem Oder-Spree-Kanal nach Eisenhüttenstadt und von dort auf der Oder nach Frankfurt und Küstrin. Von hier geht es dann auf der Warthe bis nach Landsberg. Die Stadt ist katholischer Bischofssitz. Sichtbarstes Zeichen dafür ist der goti-

[Kabinenschiff »Frédéric Chopin« auf der Fahrt durch Eisenhüttenstadt]

sche Dom aus dem 13. Jahrhundert. Heute prägen das Chemiefaserwerk, die Textilindustrie und der Maschinenbau das Bild der Stadt, die rund 125.000 Einwohner hat.

Die Rückfahrt führt über den Oder-Havel-Kanal mit dem Schiffshebewerk Niederfinow nach Berlin-Spandau.

Lübeck Diese Tour führt über die Havel, die Elbe und den Elbe-Lübeck-Kanal nach Lübeck. Die Hansestadt Lübeck ist zum Weltkulturerbe der UNESCO erklärt worden. Mit dem historischen Stadtkern und den mehr als 1.000 denkmalgeschützten Häusern, Höfen und Gängen lädt die Stadt gemeinsam mit ihrem Badeort Travemünde, der auch gleichzeitig der größte Fährhafen der Ostsee ist, im Sommer und Winter zu einem Besuch ein.

Die Rückfahrt von Lübeck nach Berlin erfolgt durch den Elbe-Seiten-Kanal. Stationen auf der Fahrt sind die Städte Havelberg, Lauenburg, Mölln, Lübeck, Lüneburg, Wolfsburg, Magdeburg und Brandenburg. Die Fahrt wird im August angeboten, startet in Berlin-Spandau und dauert zwölf Tage. Diese Tour wird sowohl als kombinierte Rad- und Schiffstour wie auch als mehrtägige Flusskreuzfahrt angeboten.

[Raddampfer »Stadt Wehlen« in der Sächsischen Schweiz]

Zur Mecklenburgischen Seenplatte Diese Fahrt führt über die Havel und den Müritz-Havel-Kanal zur Müritz und weiter über die Müritz-Elde- und die Stör-Wasserstraße zum Schweriner See. Dabei werden die Städte Waren, Plau, Parchim, Schwerin, Lübz, Malchow, Röbel und Mirow angelaufen. Ausgangspunkt dieser zwölftägigen Fahrt ist Berlin-Spandau.

Stettin – Hiddensee – Rügen Von Berlin-Tegel führt diese zehntägige Schiffstour über den Oder-Havel-Kanal durch das Schiffshebewerk in Niederfinow nach Stettin. Von dort führt die Fahrt durch das Stettiner Haff nach Wollin auf die gleichnamige Insel. Anschließend geht es nach Karnin. Von hier aus kann man einen Ausflug zu den beliebten Seebädern Heringsdorf und Ahlbeck auf der Insel Usedom unternehmen. Nach einem kurzen Stopp in Peenemünde geht es weiter zu den Ostseeinseln Rügen und Hiddensee.

Nach Bad Saarow und durch die Storkower Gewässer Die reizvolle Landschaft genießen kann man bei einer Schiffstour durch die Storkower Gewässer nach Bad Saarow-Pieskow. Die Fahrt geht vom Hafen Treptow über die Spree, die Regattastrecke in Grünau durch den Langen und den Zeuthener See, den Krimnick- und den Krüpelsee, die alle zur Dahme-Wasserstraße gehören.

[Die Magdeburger Domstrecke]

Dabei werden die Schleusen in Neue Mühle, Kummersdorf, Storkow und Wendisch Rietz durchfahren. Bad Saarow-Pieskow liegt an der Nordspitze des Scharmützelsees und ist ein anerkannter Erholungsort.

Nach Breslau Eine interessante Reise ist die Fahrt von Berlin-Tegel zur oberen Oder nach Breslau. Sie führt auf der Havel-Oder-Wasserstraße zum Grenzfluss Oder. Auf der Oder werden die Städte Frankfurt, Eisenhüttenstadt, Glogau, Krosno und Brzeg Dolny angefahren. Auf den Zwischenstopps an der Oder sind Ausflüge mit dem Bus zum Kloster Chorin und Neuzelle, in den Spreewald, zur Stadt Grünberg und in das Riesengebirge möglich.

Elbe-Moldau-Kreuzfahrten Eine Reise mit viel Kultur bietet die Fahrt nach Prag über Potsdam, Brandenburg, Dessau, Wittenberg, Meißen und Dresden. Von Berlin-Spandau geht es erst mal auf der Havel und dem Elbe-Havel-Kanal zur Elbe. Bei Magdeburg wird ein Wasserstraßenkreuz gequert. Nicht versäumen sollte man in Dessau einen Besuch des Wörlitzer Parks, der von 1764 bis kurz nach 1800 auf Geheiß Fürst Leopold III. Friedrich Franz von Anhalt-Dessau angelegt wurde. Hier überrascht die Vielfalt der Baustile und

der Gartenkunst verschiedener Epochen und Regionen, die auf wunderbare Weise harmonisch in einem Park zusammengefügt wurden. Weiter geht es über Wittenberg und Meißen. Die 95 Thesen von Luther im Jahre 1517 an der Schlosskirche von Wittenberg widerspiegelten den Bruch des Reformators mit der mittelalterlichen Kirche. Heute gehören die Schlosskirche und das Melanchthonhaus zum Weltkulturerbe der UNESCO.

Die Stadt Meißen, bekannt für ihr weltberühmtes Porzellan, das hier seit 1710 hergestellt wird, kann bei einer Stadtrundfahrt erkundet werden. In Meißen begann vor 1.000 Jahren die Geschichte Sachsens. Davon zeugt auch die Albrechtsburg, die als ältester Schlossbau im deutschen Raum gilt. Dresden ist der nächste Höhepunkt. Die fast 800 Jahre alte Stadt (1206 erste urkundliche Erwähnung) bietet viele Zeugnisse aus Sachsens Glanzzeit – stark geprägt durch Kurfürst Friedrich August I., auch August der Starke genannt. Die wichtigsten Highlights sind Semperoper, Zwinger und Frauenkirche.

Weiter elbaufwärts, in Pillnitz, kann man nach Besichtigung des Renaissanceschlosses, der Sommerresidenz der sächsischen Könige und Kurfürsten, einen Ausflug in das Elbsandsteingebirge unternehmen und die Bastei und den Königsstuhl erkunden. Ein Abstecher in die Böhmische Schweiz ist von Usti aus möglich. Über Litomerice und Melnik führt die Fahrt nach Prag, der 1,2 Millionen Einwohner zählenden tschechischen Metropole an der Moldau. Prag ist auch als »goldene« Stadt bekannt, da es hier so viele historisch »glänzende« Bauten gibt. Die Moldau fließt auf einer Länge von 31 km durch die Stadt und wird dabei von zahlreichen Brücken überquert, von denen die Karlsbrücke aus dem 14. Jahrhundert die älteste und schönste ist. So verbinden die Wasserwege Havel, Elbe und Moldau Berlin mit der goldenen Stadt Prag.

Der Wasserreichtum in und um Berlin bietet Besuchern und Touristen vielfältige Möglichkeiten zur Freizeitgestaltung und Stadterkundung. Die Stadt hat viele Superlative – und ihre Wasserwege gehören dazu. Der Perspektivwechsel von der Landratte zum Schiffspassagier lässt die Stadt in neuem Flair erscheinen.

[Wichtige Adressen]

Reedereien der Fahrgastschifffahrt
Die im Buch beschriebenen Touren werden von traditionellen Reedereien und dem Reederverband der Berliner Personenschifffahrt angeboten. Nähere Auskünfte erhält man unter:

Stern und Kreis Schifffahrt GmbH
Puschkinallee 15
12435 Berlin
Tel. 030 / 53 63 60 0
Fax 030 / 53 63 60 99

Reederei Riedel GmbH
Planufer 78
10967 Berlin
Tel. 030 / 691 37 82
Fax 030 / 694 21 91

Reederei Bruno Winkler
Mierendorffstraße 16
10589 Berlin
Tel. 030 / 349 95 95
Fax 030 / 349 00 11

BWTS Berliner Wassertaxi-Stadtrundfahrten
Wendenschlossstrasse 30 d
12559 Berlin
Tel. 030 / 65 88 02 03
Fax 030 / 65 88 02 04

Reederverband der Berliner Personenschifffahrt e.V.
Gierkezeile 26
10585 Berlin
Tel/Fax 030 / 3422431
Der Reederverband ist ein Zusammenschluss von 18 kleineren Fahrgastschifffahrtsunternehmen.

[Zentren der Fahrgastschifffahrt]

Hafen Treptow
Puschkinallee 16 – 17
12435 Berlin
S-Bahn Treptower Park, Bus

Anlegestelle Wannsee (Bahnhof)
Königstraße
14109 Berlin
S-Bahn, DB Wannsee, Bus

Anlegestelle Tegel Greenwichpromenade
Greenwichpromenade
13507 Berlin
S-Bahn Tegel, U-Bahn Alt-Tegel, Bus

[Gastronomie]

Diese Übersicht über die Ufer- und Schiffslokale strebt keine Vollständigkeit an. Wie das Wasser im Fluss so ist auch die Anzahl der Lokale am und auf dem Wasser ständig in Bewegung.

[An der Spree]

Ratskeller Köpenick
Alt-Köpenick 21
12555 Berlin
Tel. 030 / 655 51 78
Mo – So 11 – 01 Uhr

Haus Zenner mit Eierschale
Alt-Treptow 14–17
12435 Berlin
Tel. 030 / 533 73 70
Januar–März
Mo, Di geschlossen
Mi, Do 10 – 20 Uhr; Fr 10 – 4 Uhr
Sa 10 – 5 Uhr; So 9 – 20 Uhr
April–Dezember
Mo, Di, Do, 10 – 22/24 Uhr
Mi 10 – 1 Uhr; Fr 10 – 4 Uhr
Sa 10 – 5 Uhr; So 9 – 22 Uhr

Restaurantschiff Klipper
Bulgarische Straße 0
12435 Berlin
Tel. 030 / 53 21 64 90
Mo – So 10 – 1 Uhr

Restaurantschiff Hoppetosse
Eichenstraße 4
12435 Berlin
Tel. 030 / 53 32 03 40
Mo – So ab 11 Uhr

Restaurant Freischwimmer
Vor dem Schlesischen Tor
10997 Berlin
Tel. 030 / 61 07 43 09
Mo – Fr ab 15 Uhr
bei Sonnenschein ab 13 Uhr
Sa u. So ab 11 Uhr

Restaurant und Diskothek Speicher
Mühlenstr. 78 – 80
10243 Berlin
Tel. 030 / 293 38 00
Mo – Do 9 – 24 Uhr,
Fr – Sa 9 – 5 Uhr, So 9 – 24 Uhr

Restaurantschiff OKYANOS
Gegenüber Gröbenufer 8
10997 Berlin
Tel. 030 / 611 12 55
Mo – So 11 – 1 Uhr

no 52
Restauration, Club, Lounge
Pfuelstraße 5
10997 Berlin
Tel. 0177 / 604 41 16
Mo – So 18 – 24 Uhr

Zum Fischerkietz
Fischerinsel 5
10179 Berlin
Tel. 030 / 201 15 16
Mo – So 11 – 24 Uhr

Ermelerhaus
Märkisches Ufer 10
10179 Berlin
Tel. 030 / 24 06 20
Di – Sa 18 – 1 Uhr

Brauhaus Georgbräu
Spreeufer 4
Tel. 030 / 242 42 44
Mo – So
Jan – März ab 12 Uhr
April – Dez ab 10 Uhr

Restaurant Engelbrecht
Schiffbauerdamm 6 – 7
10117 Berlin
Tel. 030 / 28 59 85 85
Mo – Sa 12 – 23 Uhr

Restaurant Broker's Bierbörse
Schiffbauerdamm 8
10117 Berlin
Tel. 030 / 30 87 22 93
Mo – So ab 11.30 Uhr

Restaurant StäV – Ständige Vertretung
Schiffbauerdamm 8
10117 Berlin
Tel. 030 / 282 39 65
Mo – So ab 10 Uhr

Dachgarten-Restaurant im Reichstag
Platz der Republik 1
10557 Berlin
Tel. 030 / 226 29 90
Mo – So 9 – 16.30 Uhr
u. 18 – 24 Uhr

Restaurant Schwangere Auster
John-Foster-Dulles-Allee 10
10557 Berlin
Tel. 030 / 297 83 20
Mo – Do 10 – 20 Uhr
Fr – So 10 bis open end

[An der Havel]

Zitadellen Schänke
Am Juliusturm
13599 Berlin
Tel. 030 / 334 21 06
Di – Fr 18 – 24 Uhr
Sa – So 11 – 24 Uhr

Restaurant Kolk
Hoher Steinweg 7
13597 Berlin
Tel. 030 / 333 88 79
Di – So 12 – 24 Uhr

Hotel-Restaurant Igel
Friederikestraße 20
13505 Berlin
Tel. 030 / 436 79 80
Mo – So 6 – 24 Uhr

Restaurant Strandbaude
Am Groß-Glienicker See
Uferpromenade 21
14089 Berlin
Tel. 030 / 365 44 62
Mi – So 10 – 22 Uhr

Inselrestaurant Lindwerder
Havelchaussee
14193 Berlin
Tel. 030 / 803 65 84
Di – So ab 10 Uhr

Wirtshaus zur Pfaueninsel
Pfaueninselchaussee 100
14109 Berlin
Tel. 030 / 805 22 25
Mo – So 9 – 23 Uhr

Restaurant Nikolskoe
Nikolskoer Weg 15
14109 Berlin
Tel. 030 / 805 29 14
Donnerstag Ruhetag
März 10 bis 19 Uhr,
April bis Sept 10 bis 22 Uhr

Restaurant Wirtshaus Moorlake
Moorlakeweg 6
14109 Berlin
Tel. 030 / 805 58 09
Mo – So 10 – 22 Uhr

Restaurant Schloss Glienicke
Wannsee / Königsstr. 36
14109 Berlin
Tel. 030 / 805 40 00
Mi – So 12 – 22 Uhr

[Am Landwehrkanal]

Schiffsrestaurant Capt'n Schillow
Am Charlottenburger Tor
Straße des 17.Juni
10787 Berlin
Tel. 030 / 31 50 50 15
Mo – Sa 11 – 24 Uhr
So 10 – 23 Uhr

Schiffsrestaurant Van Loon
Urbanhafen / Carl-Herz-Ufer 5
10961 Berlin
Tel. 030 / 692 62 93
Mo – So 10 – 2 Uhr

Schiffsrestaurant Iskele
Urbanhafen / Planufer 82
10961 Berlin
Tel. 030 / 69 50 72 65
Mo – So 11 – 2 Uhr

Altes Zollhaus
Carl-Herz-Ufer 30
10961 Berlin
Tel. 030 / 692 33 00 und 691 76 76
Di – Sa ab 18 Uhr

Cafe am Ufer
Paul-Lincke-Ufer 42
10999 Berlin
Tel. 030 / 61 62 92 00
Mo – So ab 10 Uhr

Restaurant Schleusenkrug
An der Unterschleuse
Müller-Breslau-Straße
10623 Berlin
Tel. 030 / 313 99 09
März bis November
Mo – Fr ab 11 Uhr
Sa u. So ab 10 Uhr

[An Berliner Seen]

Restaurant im Grunewaldturm
Havelchaussee 61
14193 Berlin
Tel. 030 / 300 07 30
Mo – So 10 – 24 Uhr

Restaurant Tegeler Seeterrassen
Wilkestraße 1
13507 Berlin
Tel. 030 / 433 80 01
Mo – So 9 – 22 Uhr

Toulouse
Schwarzer Weg
13505 Berlin
Tel. 030 / 433 70 63
Mo – So 12 – 24 Uhr

Restaurant Rübezahl
Am Großen Müggelsee
12559 Berlin
Tel. 030 / 65 88 20
Mai – Sept
Mo – Sa 11.30 – 22 Uhr
So 11.30 – 20 Uhr
Okt – April
Mo – So 11.30 – 18 Uhr

Waldrestaurant Müggelhort
Straße zum Müggelhort 1
12559 Berlin
Tel. 030 / 65 92 59-0
Mo – Fr ab 11 Uhr
Sa, So ab 10 Uhr

Westernrestaurant Richtershorn
Richtershorn am See
Sportpromenade 15
12527 Berlin
Tel. 030 / 675 99 24
Mo – Fr 16 – 24 Uhr
Sa, So ab 11 Uhr

[Strand- und Freibäder]

Strandbad Wannsee
Wannseebadweg 25
14129 Berlin
Tel. 030 / 803 56 12

Freibad Tegeler See
Schwarzer Weg
13505 Berlin
Tel. 030 / 434 10 78

Freibad Plötzensee
Nordufer 24
13351 Berlin
Tel. 030 / 45 02 01 23

Freibad Lübars
Am Freibad 9
13469 Berlin
Tel. 030 / 402 60 50

Freibad Halensee
Königsallee 5a
14193 Berlin
Tel. 030 / 891 17 03

Seebad Heiligensee
Sandhauser Straße 132
13503 Berlin

Freibad Müggelsee
Fürstenwalder Damm 838
12589 Berlin
Tel. 030 / 648 77 77

Strandbad Grünau
Sportpromenade 5
12527 Berlin
Tel. 030 / 674 35 76

Freibad Friedrichshagen
Müggelseedamm 216
12587 Berlin
Tel. 030 / 645 57 56

Freibad Wendenschloß
Möllhausenufer 30
12557 Berlin
Tel. 030 / 651 71 71

Strandbad am Weißen See
Berliner Allee / Uferpromenade
13088 Berlin
Tel. 030 / 925 32 41

Freibad Orankesee
Gertrudstraße 7
13053 Berlin
Tel. 030 / 986 40 32

[Literatur]

Kurt Groggert: Personenschiffahrt auf Spree und Havel. Nicolaische Verlagsbuchhandlung Berlin, 1988

Hans-Joachim Uhlemann: Berlin und die Märkischen Wasserstraßen. DSV-Verlag Hamburg, 1994

Armin Gewiese, Rolf Schönknecht: Binnenschiffahrt zwischen Elbe und Oder. DSV-Verlag Hamburg, 1996

Martin Wörner; Doris Mollenschott; Karl-Heinz Hüter u.a.: Architekturführer Berlin. Dietrich Reimer Verlag Berlin, 2001

Carl Herwarth, Brigitte Holz: Wasserstadt Berlin. Druckzone Berlin, 1999

[Abbildungsnachweis]

Archiv des Verlages S. 128; Emch + Berger: S. 7, 12 f., 28; Uwe Friedrich: S. 2, 5, 8, 38–40, 50, 54, 57 f., 61, 63, 65 f., 68, 77, 79 f., 85–91, 93, 103, 104, 106 f., 108/109, 117, 121 f., 124, 127, Titel, U4; Armin Gewiese / Ulrike Dömeland: S. 4, 6, 10/11, 14, 18, 22, 24 f., 27, 31, 33–35, 37, 41 f., 44, 47–49, 53, 55, 60, 64, 67, 70 f., 73, 76, 78, 81–84, 100, 105, 111, 113 f., 116, 118 f.; Sylvia Guddat S. 132; Christian Knoll S. 134–137; Oltmann Reuter S. 69, 74, 96

[Impressum]

Bibliografische Information der Deutschen Bibliothek
Die Deutsche Bibliothek verzeichnet diese Publikation in der Deutschen Nationalbibliografie; detaillierte bibliografische Daten sind im Internet über http://dnb.ddb.de abrufbar.

KulturBrauerei Haus S
Schönhauser Allee 37, 10435 Berlin
www.bebraverlag.de
info@bebraverlag.de
Gesamtgestaltung: Friedrich, Berlin
Lektorat: Christian Härtel, be.bra verlag, Berlin
Schrift: Univers 57 10/12 pt
Druck und Bindung: ideapress
ISBN 3-89809-039-6

Absender

....

Name **Vorname**

....

Straße

....

PLZ/Ort

....

e-mail

....

Alter **Beruf**

Karton aus 100% Altpapier

Bitte als
Postkarte
freimachen

Antwort

be.bra verlag GmbH
Abteilung Vertrieb
KulturBrauerei Haus S
Schönhauser Allee 37

10435 Berlin